Cerco de Jericó

O caminho da vitória

CB132299

Pe. Alberto Gambarini

Cerco de Jericó

O caminho da vitória

Ágape
São Paulo
2015

Todos os direitos reservados. Nenhuma parte desta obra pode ser reproduzida ou transmitida por qualquer forma e/ou quaisquer meios (eletrônico, ou mecânico, incluindo fotocópia e gravação) ou arquivada em qualquer sistema ou banco de dados sem permissão escrita da Editora.

© **Ágape**
Caixa Postal 32
06850-970 – Itapecerica da Serra, SP
T 11 4666 3988 / 4666 3619
F 11 4666 6056
Home page: www.encontrocomcristo.org.br

Composição e Impressão
Edições Loyola Jesuítas
Rua 1822 nº 341 – Ipiranga
04216-000 São Paulo, SP
T 11 3385 8500
F 11 2063 4275
Home page e vendas: www.loyola.com.br
Editorial: loyola@loyola.com.br
Vendas: vendas@loyola.com.br

Sumário

Apresentação

Neste livro, Pe. Alberto Gambarini conseguiu sintetizar de uma forma metodológica e sábia um tema essencial para nós que vivemos em combate espiritual, pois buscamos viver e crescer na Santidade de Deus.

O livro *Cerco de Jericó, o caminho da vitória* nos coloca diante de nosso compromisso com Deus e na fidelidade de suas ordens para o cumprimento da vitória. Nas linhas aqui escritas, pode-se experimentar um testemunho de fé dado por Josué, em que aprendemos que também podemos andar segundo a visão de Deus e, mesmo diante de fraquezas e fracassos, receber o poder de vencer que nos vem de Deus.

Pe. Alberto transcorreu o percurso de Josué com conhecimento e entendimento da Palavra de Deus, ajudando-nos a sair de nossas superficialidades ao tratar de nossas dificuldades e problemas. Dificuldades, estas, que nos levam ao pecado e conseqüentemente a uma vida cheia de medo e frustração. A Palavra de Deus, ao contrário do mundo, nos anima e fortalece para lutar corajosa e prudentemente e com atitudes de fé, pois a *"fé é o fundamento da esperança, é uma certeza a respeito do que não se vê"* (Hb 11,1), reservando aos incrédulos a derrota.

A beleza deste livro é o desejo da intimidade com Deus por meio de uma vida Eucarística. Essa amizade com Deus na Eucaristia é que quebra as muralhas e nos torna vencedores, assumindo em nossa vida a ordem de Deus *"enchei-vos do Espírito"* (Ef 5,18).

Caríssimos leitores, aproveitem este livro como instrumento eficiente no processo de maturidade espiritual, usando das orações nele contidas para dar **graças em todo momento ao Santíssimo Sacramento.**

Com minha Bênção,

São Paulo, 29 de julho de 2005, Memória de Santa Marta.

DOM EMÍLIO PIGNOLI
1º Bispo Diocesano de
Campo Limpo

CAPÍTULO 1

Significado do Cerco de Jericó

"O Senhor disse a Josué: 'Vê: entreguei-te Jericó...
Dai volta à cidade vós todos, homens de guerra...'."
(Josué 6,2.3)

O Cerco de Jericó consiste em uma semana incessante de batalha espiritual, com intensificação da oração pessoal, Missa diária, visita ao Santíssimo, vigílias e o Terço de Nossa Senhora.

QUAL O SIGNIFICADO DA EXPRESSÃO "CERCO DE JERICÓ"?

Recorda um fato importante do Antigo Testamento: a conquista da cidade de Jericó pelos judeus, liderados por Josué (Js 6,1ss). O plano da vitória foi revelado por Deus, de um modo concreto e detalhado. Durante seis dias o povo deveria dar uma volta em torno da cidade. No sétimo dia, sete voltas. Josué e todo o Israel executaram fielmente as ordens recebidas. Durante a sétima volta, ao som da trombeta, todo o povo levantou um grande clamor e, pelo poder de Deus, as muralhas de Jericó caíram.

Uma outra origem da expressão "Cerco de Jericó" é a oração que se faz durante sete dias para pedir uma renovação do Espírito Santo, praticada pela beata italiana Elena Guerra, religiosa italiana do século XIX que insistia na necessidade de ajudar a Igreja a abrir-se a uma maior ação do Espírito Santo. Ela sentiu em seu coração a missão de falar ao Papa Leão XIII sobre a importância de "reacender neste mundo frio o Divino Fogo do Espírito Santo e abrir para os fiéis um novo cenáculo, unindo-os em uma oração unânime e universal ao Espírito Santo". O resultado dos cenáculos de Elena Guerra não tardaram: o Papa escreveu uma encíclica sobre a importância do Espírito Santo para a vida da Igreja e dos cristãos, instituiu uma novena obrigatória em preparação à festa de Pentecostes e consagrou o século XX ao Espírito Santo.

Por fim, temos a influência da oração realizada por ocasião da primeira visita do Papa João Paulo II à Polônia. O Santo Padre devia ir à Polônia em 8 de maio de 1979, para a celebração dos 900 anos do martírio de Santo Estanislau, bispo da Cracóvia. No fim de novembro de 1978, sete semanas depois do Conclave que elegera João Paulo II, um grupo de católicos, com o intuito de uma preparação espiritual para a visita do Papa, inspirado no seu amor pela Virgem Maria, sentiu a necessidade de organizar, na primeira semana de maio de 1979, no Santuário de Jasma Gora, um congresso mariano. Seriam sete dias e seis noites de Rosários consecutivos diante do Santíssimo Sacramento.

No dia da Imaculada Conceição, 8 de dezembro de 1978, Anatol Kazczuck, futuro responsável pelos Cercos de Jericó, apresentou o plano de trabalho do congresso mariano a Monsenhor Kraszewski, membro da Comissão Mariana da Conferência Episcopal Polonesa. A resposta foi: "É bom rezar diante do Santíssimo Sacramento; é bom rezar o Rosário pelo Papa; é bom rezar em Jasna Gora. Pode fazê-lo".

Monsenhor Stefano Troca, bispo de Czestochowa e presidente da Comissão Mariana do Episcopado, aconselhou-os a não dar o nome de "congresso", para dar maior facilidade a sua organização. Como este "assalto" de Rosários devia durar sete dias, e, tal como em Jericó, como tinham certeza da vitória, surgiu o nome de Cerco de Jericó para a manifestação.

O reitor do Santuário de Jasna Gora também aprovou o projeto, mas não queria que se realizasse em maio por causa dos preparativos da visita do Papa. Dizia ele: "Seria melhor em abril". Neste meio-tempo veio a notícia de que as autoridades do governo comunista da Polônia haviam recusado o visto de entrada de João Paulo II.

Na primeira semana de maio de 1979 começou com grande fervor o Cerco de Jericó. No dia 7 de maio, último dia de oração do Cerco, um comunicado oficial anunciava que o Santo Padre visitaria a Polônia de 2 a 10 de junho. O povo polonês viveu esses dias com o Papa com uma alegria indescritível. João Paulo II terminou a sua peregrinação consagrando, com todo o Episcopado polonês, a nação polaca ao Coração Doloroso e Imaculado de Maria, diante de 1 milhão e 500 mil fiéis reunidos em Blonic Kraskoskic. Depois dessa estrondosa vitória, foram organizados Cercos de Jericó sempre que o Papa João Paulo II realizava uma viagem apostólica. Para os poloneses, o Rosário tem um poder de exorcismo, pois "ele torna o demônio impotente".

Por ocasião do atentado ao Papa, em 13 de maio de 1981, os poloneses lançaram de novo um formidável "assalto" de Rosários e obtiveram o seu inesperado restabelecimento. Mais uma vez, as muralhas de ódio de Satanás se abatiam diante do poder da Ave-Maria.

Aos poucos o Cerco de Jericó se espalharia por toda a Igreja, trazendo para os seus participantes graças especiais. O Cerco de Jericó é um verdadeiro exercício da fé. É uma oração para ser feita junto com outras pessoas, e também individualmente, diante de alguma grande luta espiritual.

PASSOS PARA A REALIZAÇÃO DO CERCO DE JERICÓ

1. Contar com o apoio do padre da Paróquia, que, na medida do possível, deve estar à frente do trabalho. A participação do padre é importante por diversos motivos: ele é o responsável pelo pastoreio do povo de Deus, preside a celebração da Santa Missa na intenção do Cerco, e também para o atendimento diário das confissões.

2. Uma equipe para garantir a guarda do Santíssimo Sacramento exposto durante todos os dias do Cerco e assim favorecer a adoração diária do povo.

3. Fornecer material explicativo sobre o significado do Cerco e as intenções de oração. Cada pessoa é incentivada a rezar pelas suas intenções mais urgentes, mas também de um modo especial pela Paróquia, pela Diocese, pela Igreja em geral e pelo mundo...

4. Motivar as pessoas à participação na Missa diária, à intensificação da oração pessoal com a Bíblia, levando em conta os temas do Cerco; estimular a visita ao Santíssimo e a recitação do Terço de Nossa Senhora, destacando sua importância.

5. Para recordar a ordem de Deus a Josué na conquista de Jericó, em muitos lugares, na Missa diária do Cerco, antes da bênção final com o Santíssimo, é realizada uma procissão no interior da igreja, recordando a ordem do Senhor: **"Dai volta à cidade, vós todos, homens de guerra; contornai toda a cidade uma vez. Assim fareis durante sete dias" (Js 6,3)**. E por fim: **"No sétimo dia dareis sete vezes a volta à cidade..." (Js 6,4b)**.

Obs.: A oração do Cerco também pode ser feita individualmente, em qualquer tempo. Esta é uma oportunidade para melhorar a oração pessoal, rezar nas intenções da Igreja, de um modo especial do papa, mantendo sempre em mente que este tipo de oração busca a maior glória de Deus. Assim, faz-se o Cerco de Jericó para pedir a renovação espiritual da Igreja, a conversão dos pecadores, um maior fervor na paróquia, ou pelos problemas da sociedade: pelo fim da violência, da corrupção, em tempo de eleições etc.

CAPÍTULO 2

O livro de Josué: convite para uma caminhada de vitória

"Todo o lugar que pisar a planta de vossos pés,
eu vo-lo dou, como prometi a Moisés."
(Josué 1,3)

QUEM FOI JOSUÉ?

O nome Josué significa "Deus é salvação". Josué, integrante da Tribo de Efraim, foi colaborador direto e sucessor de Moisés. Aparece pela primeira vez com destaque logo depois da travessia do mar Vermelho, liderando os israelitas em uma batalha (Ex 17,8-16). Derrotou o inimigo de modo espetacular e tornou-se o braço direito de Moisés. Esteve com Moisés no monte onde o Senhor entregou as tábuas da Lei (Ex 24,12ss). Foi um dos doze espias que primeiro observaram a Terra Prometida e o único, junto com Caleb, a crer ser possível conquistá-la (Nm 13). Com a morte de Moisés, coube a ele liderar a conquista de Canaã e organizar a distribuição da terra entre as tribos israelitas. Antes de ser um soldado, foi um homem de fé, que soube andar segundo a visão de Deus. O seu testemunho inspirou um povo aparentemente fraco a lutar tendo no coração a certeza de que o seu poder para vencer vinha de Deus.

O CONTEÚDO DO LIVRO

A cada página deste livro sagrado está registrada a realização da grande promessa de Deus feita a Abraão: **"Deixa tua terra, tua famí-**

lia e a casa de teu pai, e vai para a terra que eu te mostrar" (Gn 12,1). Deus sempre cumpre a sua Palavra; necessita unicamente da obediência do homem às suas orientações. Quando o homem se deixa guiar por Deus, conquista a vitória diante da vida. A maioria das nossas derrotas vem da insubmissão. Tendo o povo vencido os inimigos e tomado posse definitiva da terra, Josué recorda ao povo: **"Reconhecei de todo o vosso coração e de toda a vossa alma que de todas as boas palavras que pronunciou em vosso favor o Senhor, vosso Deus, nem uma ficou sem efeito: todas se cumpriram, e não falhou uma sequer"** (Js 23,14).

A mensagem do livro de Josué é como um guia para o cristão aprender o modo como Deus conduz seu povo para enfrentar com coragem a batalha da conquista da vida abundante prometida por Jesus Cristo. Trata-se de um verdadeiro livro da vitória. O que passou o povo do Israel em suas experiências históricas se converte nos exemplos que podemos aplicar às batalhas espirituais nesta peregrinação espiritual em que nos encontramos. Estas experiências têm uma aplicação exata e apropriada para nós.

Cada etapa da conquista de Canaã tem alguma relação com as nossas lutas e vitórias como membros do novo povo de Deus. A terra de Canaã é a figura da vida abundante que deve ser conquistada abandonando o pecado para viver mais plenamente a comunhão com Deus. A preparação para a entrada na Terra e a sua conquista fala da importância de permanecer na dependência de Deus através da sua Palavra. A travessia do rio Jordão é uma figura da passagem da antiga para a nova vida recebida no Batismo. Os povos inimigos, tanto no interior da Terra Prometida como ao redor dela, recordam os adversários espirituais contra os quais precisamos lutar todos os dias, seguindo as orientações de Deus. A queda das muralhas de Jericó mostra o efeito sobrenatural da obediência às ordens divinas. E, por fim, a divisão da Terra Prometida indica a certeza de que Deus distribui a todos os dons e as graças, segundo a grandeza da sua misericórdia.

O Livro de Josué se divide em três importantes partes. Os capítulos 1 a 4 estão relacionados com o momento em que o povo entra na Terra e tudo o que isso representa. Se neste momento você está lutando com o problema de como conseguir uma vida de vitória em Cristo, como sair do deserto da dúvida, então se detenha mais nestes capítulos. Aí é apresentado o momento em que Israel chega à Terra Prometida, sai do deserto e começa a conquista de Canaã. Os capítulos 5 a 21 abrangem a conquista da Terra por meio de uma série de batalhas e conflitos com os que encontraram ao chegar à Terra Prometida. Os capítulos 22 a 24 expõem os riscos e perigos na Terra contra os quais devemos nos proteger a fim de permanecer em uma situação de vitória, que representa a Terra.

A Terra de Canãa é uma imagem da vida cheia do Espírito, a vida que Deus deseja para todo cristão sem exceção. A vida cheia do Espírito não é privilégio de apenas alguns cristãos especiais, mas uma realidade à disposição de todos aqueles que fazem parte do povo mais feliz da face da Terra, o povo de Deus.

CAPÍTULO 3

Tornar-se um novo Josué diante da vida

"Josué, filho de Nun, e Caleb, filho de Jefoné,
que tinham explorado a terra, rasgaram as suas vestes...
Não vos revolteis contra o Senhor, e não tenhais medo do povo
desta terra: devorá-lo-emos como pão. Não há mais salvação para
eles, porque o Senhor está conosco. Não tenhais medo deles."
(Números 14,6.9)

Toda a Sagrada Escritura está repleta de lições práticas para alcançar uma vida vitoriosa. A cada página encontramos exemplos para aplicar às batalhas espirituais da nossa peregrinação por esta vida.

A história de Josué — herói do Antigo Testamento — não foge a esta regra, pois a sua mensagem é um forte suporte para enfrentar os obstáculos que impedem o crescimento espiritual. Deus deseja transformar também você num herói da fé diante da vida, e não num mero espectador. Para isso é necessário mudar de lado, isto é, entrar para o exército dos vencedores.

Uma das passagens importantes para conhecer que tipo de homem era Josué encontra-se no Livro dos Números. Moisés envia alguns homens para reconhecer a Terra Prometida: **"Ide pelo Negeb e subi a montanha. Examinai que terra é essa, e o povo que a habita, se é forte ou fraco, pequeno ou numeroso. Vede como é a terra onde habita, se é boa, ou má, e como são as suas cidades, se muradas ou sem muros; examinai igualmente se o terreno é fértil ou estéril, se há árvores ou não. Coragem! e trazei-nos dos frutos da terra" (Nm 13,17-20).** O povo estava vibrando... somente esperando notícias. Quando os exploradores de Canaã chegaram com o relatório, depois de quarenta dias de caminhada, "**narraram a Moisés a sua exploração: Fomos à terra aonde nos enviastes. É verdadeiramente uma terra onde corre leite e mel, como se pode ver por esses frutos**" (**Nm 13,27**). Esta notícia passa a impressão de um relato positivo da exploração, afinal esta era uma parte da estratégia de Deus para preparar a conquista da terra pelos hebreus. Porém, os exploradores da Terra Prometida completaram o seu relato de um modo pessimista: "**Mas os habitantes dessa terra são robustos, suas cidades, grandes e bem muradas...**" (**Nm 13,28**). Estas palavras refletem uma avaliação da realidade somente a partir dos aparentes problemas: homens robustos, cidades grandes e bem muradas.

A promessa de Deus dada a Moisés para ser transmitida ao povo era muito clara: "**Envia homens para explorar a terra de Canaã que eu ei de dar aos filhos de Israel**" (**Nm 13,1-2**). Esta promessa deveria ser a inspiração dos homens da expedição de exploração. Entretanto, quando chegaram ao seu destino, deixaram-se intimidar pela aparência das dificuldades para a conquista. Dez dos doze exploradores ficaram impressionados com a força militar e as cidades fortificadas dos povos de Canaã. Aí está representado um erro muito comum em nossa vida pessoal e também no trabalho de evangelização: a falta de prudência em conhecer a fundo os nossos inimigos ou a realidade na qual queremos atuar. Não basta o desejo de conquistar a vitória, é necessário preparar-se para a batalha. Por isso, a finalidade da expedição de exploração era avaliar o inimigo, para estabelecer a estratégia de conquista. O perigo existia e seria superado na proporção direta da confiança no poder de Deus.

A Palavra de Deus é clara quando fala da importância de conhecer o que iremos enfrentar. Não importa se é um problema espiritual, emocional, familiar, pastoral ou de qualquer outra ordem.... é importante usar de prudência. Este foi o conselho de Jesus aos seus discípulos: "**Qual é o rei que, estando para guerrear com outro rei, não se senta primeiro para considerar se com dez mil homens poderá**

enfrentar o que vem contra ele com vinte mil? De outra maneira, quando o outro ainda está longe, envia-lhe embaixadores para tratar da paz" (Lc 14,31-32).

Também não podemos perder de vista a dimensão espiritual de todos os nossos combates: **"Pois não é contra homens de carne e sangue que temos que lutar, mas contra os principados e potestades, contra os príncipes deste mundo tenebroso, contra as forças espirituais do mal [espalhadas] nos ares"** (Ef 6,12). Este inimigo tenebroso tenta nos ameaçar pelas brechas do pecado, usando a nossa imaginação, as nossas emoções, e assim levando-nos a entristecer Deus diante dos homens por meio do contratestemunho. Neste sentido, o apóstolo Paulo dá uma orientação preciosa: **"Por isso, renunciai à mentira. Fale cada um a seu próximo a verdade, pois somos membros uns dos outros. Mesmo em cólera, não pequeis. Não se ponha o sol sobre o vosso ressentimento. Não deis lugar ao demônio"** (Ef 4,25-27).

Quantos são ingênuos a ponto de baixar a guarda da vigilância sobre a área dos pecados do passado e das insinuações do presente. Daí vêm a impressão de impotência para vencer o pecado ou o desânimo diante dos poucos resultados esperados em determinadas situações. Tenha sempre em mente, sem se amedrontar, o conselho de São Pedro: **"Sede sóbrios e vigiai. Vosso adversário, o demônio, anda ao redor de vós como leão que ruge, buscando a quem devorar"** (1Pd 5,8).

A falta de visão espiritual sobre o plano de Deus para a conquista da Terra Prometida causou insatisfação ao povo, a ponto de ele começar a **"murmurar contra Moisés" (Nm 13,30)**. Eles estavam reclamando de Moisés. E este é um problema grave para quem deseja ser um conquistador de bênçãos. Por quê? A murmuração impede a pessoa de obedecer a Deus e a expõe aos seus inimigos. Paulo, recordando a caminhada com destino à Canaã, quando o povo, por causa da murmuração, era mordido pelas serpentes (cf. Nm 21,4-9), diz: **"Nem tenteis o Senhor, como alguns deles o tentaram, e pereceram mordidos pelas serpentes. Nem murmureis, como murmuraram alguns deles, e foram mortos pelo exterminador"** (1Cor 10,9-10).

Quem nasceu de novo, da água e do Espírito, vive na autoridade de Jesus, não pode alimentar o espírito de murmuração no coração. De que vale fazer algo para o Reino de Deus reclamando de tudo e de todos? **"Exercei a hospitalidade uns para com os outros, sem murmuração. Como bons dispensadores das diversas graças de Deus, cada um de vós ponha à disposição dos outros o dom que recebeu..." (1Pd 4,9-10).** O problema grave da murmuração é influenciar os outros, contaminando a vontade de lutar, tendo como resultado a perda da bênção divina. **"Os homens que Moisés tinha enviado a explorar a terra, e que, depois de terem voltado, tinham feito murmurar contra ele toda a assembléia, depreciando a terra, morreram feridos de uma praga, diante do Senhor. Somente Josué, filho de Nun, e Caleb, filho de Jefoné, sobreviveram entre todos os que tinham explorado a terra" (Nm 14,36-38).**

O relato negativo dos exploradores de Canaã foi motivado pelo medo de não serem capazes de vencer "os habitantes robustos", e muito menos de ultrapassar "as cidades grandes". Não estamos diante do medo normal, e até saudável, que nos ajuda a evitar problemas ou acidentes. A maioria das pessoas tem algum tipo de medo: assalto, dentista, cirurgia, escuridão, morte, acidente, altura... O medo dos exploradores de Canaã, e depois dos israelitas, era o medo que leva a pessoa ao descontrole psicológico-emocional, criando um sentimento de incapacidade ou inferioridade para lidar com uma determinada situação. Desse modo, transforma-se em uma brecha poderosa para tirar a disposição de combate. É o contrário da fé. Este foi o procedimento dos israelitas quando afirmaram: **"Não somos capazes de atacar este povo; é mais forte do que nós" (Nm 13,31).**

Os exploradores foram extremamente negativos na exposição da realidade de Canaã, exceto dois deles: **"Josué, filho de Nun, e Caleb, filho de Jefoné, que tinham explorado a terra, rasgaram as suas vestes e disseram a toda a assembléia dos israelitas: a terra que percorremos é muito boa. Se o Senhor nos for propício, introduzir-nos-á nela e no-la dará; é uma terra onde corre leite e mel. Somente não**

vos revolteis contra o Senhor, e não tenhais medo do povo desta terra: devorá-lo-emos como pão. Não há mais salvação para eles, porque o Senhor está conosco. Não tenhais medo deles" (Nm 14,6-9). O gesto de Josué e Caleb de confessar diante do povo a certeza da conquista de Canaã chama-se fé. Eles acreditaram na Palavra de Deus, mesmo antes de ver a sua realização. Eles enxergaram com os olhos de Deus os inimigos sendo vencidos e a muralhas desabando. Em Hebreus 11,30 lemos: **"Foi pela fé que desabaram as muralhas de Jericó, depois de rodeadas por sete dias"**. A fé não é ver para crer, mas tem como fundamento as promessas de Deus, contidas em Sua Palavra. **"A fé é o fundamento da esperança, é uma certeza a respeito do que não se vê"** (Hb 11,1). Infelizmente, o povo foi influenciado pelos dez espiões negativos. E Israel tomou posse da Terra Prometida somente depois de quarenta anos de peregrinação pelo deserto. **"Explorastes a terra em quarenta dias; tantos anos quantos são estes dias pagareis a pena de vossas iniqüidades, ou seja, durante quarenta anos..."** (Nm 14,34).

O mundo também está dividido, como estiveram os espiões de Moisés. A cada doze, dois assemelham-se a Josué e Caleb. Dois olham para a realidade trazendo no coração a visão recebida de Deus. E os outros dez são as pessoas que se limitam a sobreviver, deixando-se intimidar pelos problemas da vida; os dois são canais da graça que mostram o caminho para a multidão.

Ouse estar entre os dois vencedores, caminhando sob a luz da Palavra de Deus. De cada doze, dez estão à procura do caminho mais fácil, em busca do mais cômodo. Atreva-se a ser diferente e você descobrirá que muitas vezes é necessário seguir o caminho com pedras, no qual os pés sangram; você se cansará, mas sentirá também o Senhor renovando as suas forças. Olhará para trás e, quem sabe, será tentado a imaginar que não avançou. Às vezes, virão momentos de desânimo. Outras vezes você vacilará ou até cairá, mas imediatamente recomeçará.

Quem deseja experimentar a bondade de Deus manifestando-se em sua vida deve exercitar a cada dia a confiança de obedecer à sua Palavra. O autor da Carta aos Hebreus, ao comentar o episódio do fracasso da expedição à Canaã, recordando o Salmo 94, faz um apelo à fidelidade: **"Por isso, como diz o Espírito Santo: Hoje, se ouvirdes a sua voz, não endureçais os vossos corações, como por ocasião da Revolta, como no dia da tentação do deserto..."** (Hb 3,7-9). É possível enfrentar todas as circunstâncias da vida sem perder a paz interior. A condição é depositar a confiança totalmente em Deus.

CAPÍTULO 4

As táticas de conquista dadas por Deus

"Tem ânimo, pois, e sê corajoso para cuidadosamente observar toda a lei que Moisés, meu servo, te prescreveu. Não te afastes dela nem para a direita nem para a esquerda, para que sejas feliz em todas as tuas empresas."
(Josué 1,7)

O livro de Josué apresenta algumas táticas de conquista dadas por Deus que são úteis para a vida de quem deseja ser um conquistador de bênçãos. Este é o propósito de Deus para o seu povo em todos os tempos. A promessa de Deus sobre a Terra Prometida está na origem da história da salvação, quando escolheu um homem para iniciar a caminhada de fé para a sua conquista. O seu nome era Abrão, a quem Deus disse: **"Deixa tua terra, tua família e a casa de teu pai, e vai para a terra que eu te mostrar"** (Gn 12,1). Não sabemos qual foi a primeira reação de Abrão diante de um pedido tão radical, mas ficou registrada a sua decisão final: **"Abrão partiu como o Senhor lhe tinha dito"** (Gn 12,4). Abrão aceitou pela fé a promessa de Deus, não viu a sua realização imediata, mas enxergou o futuro. Partiu carregando no coração e na mente a visão de Deus como inspiração da sua caminhada até o momento da sua morte. **"Foi pela fé que Abraão, obedecendo ao apelo divino, partiu para uma terra que devia receber em herança. E partiu não sabendo para onde ia"** (Hb 11,8). A promessa foi transmitida aos seus descendentes, mas antes passariam pela escravidão do Egito em virtude dos seus pecados: **"Sabe que teus descendentes habitarão como peregrinos uma terra que não é sua, e que nessa terra eles serão escravizados e oprimidos durante quatrocentos anos"** (Gn 15,13).

No final dos quatrocentos anos da escravidão no Egito, Deus apareceu a Moisés dizendo: **"Eu sou o Deus de Abraão, o Deus de Isaac e o Deus de Jacó"** (Ex 3,6), renovando a promessa dada a Abraão: **"Eu desci para livrá-lo da mão dos egípcios e para fazê-lo subir do Egito para uma terra fértil e espaçosa, uma terra que mana leite e mel, lá onde habitam os cananeus, os hiteus, os amorreus, os ferezeus, os heveus e os jabuseus"** (Ex 3,8). Novamente a coragem do povo foi estimulada pelas manifestações sobrenaturais de Deus: as dez pragas (Ex 7,14–11,10); o extermínio dos primogênitos (Ex 12,29-34); passagem do mar Vermelho e a destruição do exército do faraó pelas águas (Ex 14,1-30); e também pela certeza de que caminhariam com destino à pátria definitiva em Canaã: **"Tirar-vos-ei do Egito onde sois oprimidos, para fazer-vos subir para a terra dos cananeus, dos hiteus, dos amorreus, dos ferezeus... terra que mana leite e mel"** (Ex 3,17).

Josué pertenceu a esta primeira geração de israelitas que viveu a maravilhosa e forte experiência da libertação da opressão do faraó e da caminhada pelo deserto para a Terra Prometida. Desde a juventude foi preparado por Deus para continuar a obra de Moisés: **"O Senhor se entretinha com Moisés face a face, como um homem fala a seu amigo. Voltava Moisés ao acampamento, mas seu ajudante, o jovem Josué, filho de Nun, não se apartava do interior da tenda"** (Ex 33,11). Passo a passo, convivendo com Moisés, aprendeu a importância de ser guiado pela tática de conquista determinada por Deus.

1ª TÁTICA DE CONQUISTA: VISÃO DE DEUS

Na origem da vida espiritual dos heróis da Bíblia está a convicção numa experiência viva com Deus. Que experiência? O pano de fundo é sempre semelhante: todos de algum modo testemunham ter ouvido ou sentido Deus falando algo que passa a inspirá-los por toda a vida. Assim foi com Abraão e com todos os outros homens e mulheres durante toda a caminhada do povo de Deus, caminhada que passa por Maria Santíssima e chega até os nossos dias.

A visão divina é uma determinada experiência espiritual que faz a pessoa perceber planos e idéias inspirados por Deus. Então ela se torna capaz de romper com tudo aquilo que a impede de lançar-se no projeto apresentado por Deus. Passa a ter um objetivo definido e o estímulo para não desistir, mesmo diante de eventuais dificuldades. A falta de uma visão, a incredulidade levam à derrota.

No início da conquista da Terra Prometida, Deus fez questão de confirmar a Josué a promessa que durante os quarenta anos animou a sua caminhada pelo deserto. A Palavra de Deus lhe foi dirigida nestes termos: **"Todo lugar que pisar a planta de vossos pés, eu vo-lo dou, como prometi a Moisés"** (Js 1,3).

O meio por excelência para o Senhor se revelar é pela Sua Palavra. Por meio dela recebemos a imagem de quem Ele é. Deus quer que O conheçamos através da revelação do Seu grande amor pela humanidade. Vale a pena ter sempre presente em nosso coração a mesma ordem divina dada a Josué: **"Traze sempre na boca [as palavras] deste livro da lei; medita-o dia e noite, cuidando de fazer tudo o que nele está escrito; assim prosperarás em teus caminhos e serás bem-sucedido"** (Js 1,8). Quantas pessoas correm atrás de tantas "experiências" religiosas sem nunca encontrar o preenchimento do coração... O motivo é muito simples: a vida nova surge dos corações conquistados pela visão do amor gratuito de Deus: **"Amo-te com eterno amor, e por isso a ti estendi o meu favor"** (Jr 31,3). Tocados pela revelação que Deus nos dá de Si, somos impulsionados com vigor a começar uma vida nova, e também a melhorar o relacionamento com os nossos semelhantes.

Não basta ter a experiência da manifestação do amor de Deus em determinado momento da vida. Deus não deseja que o Seu amor por nós vá e venha como o nosso amor por Ele. O nosso amor varia quase diariamente, vai do quente e piedoso até o morno ou mesmo frio. Como os discípulos, podemos num dia estar prontos a morrer por Jesus e abandoná-lo e fugir no dia seguinte. Podemos dizer ao

Senhor que confiamos nEle para nos suprir em todas as nossas necessidades e evitar que caiamos, mas isto não é verdadeira comunhão. A questão é: realmente confiamos no Seu amor por nós? Será que já vimos o Seu amor revelado e nos apoderamos dele? O Seu amor por nós está aceito nos nossos corações? Esse amor nos dá a coragem para abandonar aquilo que talvez imaginemos dar prazer, mas que nos afasta da Sua Santa presença?

Andar na glória de Deus também não significa apenas receber o amor do Pai, mas amá-Lo de volta. Trata-se de um afeto recíproco, em que ambos dão e recebem amor. A Bíblia nos diz: **"Amarás o Senhor, teu Deus, de todo o teu coração, de toda a tua alma, e de todas as tuas forças" (Dt 6,5).**

É preciso apropriar-se da visão da glória de Deus para que ela se transforme na força interior capaz de dar o primeiro arranque e manter o desejo de continuar a caminhada até o final. Como os israelitas, devemos repetir: **"Faremos tudo o que nos ordenastes, e iremos aonde quer que nos enviares" (Js 1,16).**

2ª TÁTICA DE CONQUISTA: SANTIDADE DE VIDA

Quem deseja assumir a atitude de conquistador de bênçãos não pode perder de vista a importância da santidade. Por que devemos ser santos? Em Efésios 1,4 está escrito que Deus **"nos escolheu nele antes da criação do mundo, para sermos santos e irrepreensíveis, diante de seus olhos"**. Não se trata de deixar de fazer certas coisas, nem se refere a determinadas realidades exteriores, mas se trata sim de passar a viver no padrão do próprio Deus. Ser santo é simplesmente ser cada vez mais parecido com Deus. É uma transformação e renovação de nossa personalidade em todas as dimensões profundas do nosso ser. Se de fato temos comunhão com Ele, então reproduzimos em nós a mesma santidade.

Uma das ordens de Deus aos israelitas quando saíram da escravidão do Egito com destino à Terra Prometida foi: **"... sede santos,**

porque eu, o Senhor, vosso Deus, sou santo" (Lv 19,2). Não estamos diante de uma mera sugestão, isto é, não existe outra alternativa. Deus quer a nossa santidade. E para acentuar a importância que tem a santidade na nossa vida cristã, o autor da Carta aos Hebreus declara: **"Procurai a paz com todos e ao mesmo tempo a santidade, sem a qual ninguém pode ver o Senhor"** (Hb 12,14).

A santidade desejada por Deus não começa pelos gestos heróicos, e sim no dia-a-dia. Ele quer homens e mulheres testemunhando um padrão de vida santa, tendo como modelo a própria santidade divina: **"Sede santos, porque eu, o Senhor, vosso Deus, sou santo"** (Lv 19,2). É impossível para qualquer um de nós alcançar essa santidade de Deus apenas por nosso esforço ou por nossa força de vontade. O caminho para ser santo é aproximar-se de Deus, clamando: "Senhor, nada posso pelas minhas forças, mostra-me por onde andar". Novamente somos colocados diante da importância da Palavra: **"Observareis todas as minhas leis e os meus mandamentos, e os praticareis"** (Lv 19,37).

A geração dos que saíram do Egito jamais entrou em Canaã, com exceção de Josué e Caleb, por ter se rebelado contra o Senhor. Não viveram em santidade de vida. Constantemente murmuravam contra o Senhor, indicando que no coração não existia confiança nas Suas promessas, e nem o seu proceder refletia estarem afastados do mal.

Josué, antes de iniciar a travessia do Jordão, disse ao povo: **"Santificai-vos, porque amanhã o Senhor operará no meio de vós coisas maravilhosas"** (Js 3,5). Em um primeiro momento houve obediência a esta ordem, por isso as águas se abriram e as muralhas de Jericó caíram. Entretanto, durante a invasão da cidade, um homem chamado Acã desobedeceu à ordem de Deus e **"reteve para si algumas coisas condenadas..."** (Js 7,1), e imediatamente os israelitas começaram a ser derrotados: **"O povo ficou consternado com isso e perdeu toda a coragem"** (Js 7,5). Muitas batalhas são perdidas pela falta de santidade e obediência.

A santidade não é automática, nem ponto de chegada. É um processo que começa na conversão e exige uma luta diária para não voltar às velhas obras. Depende da graça divina que transforma o nosso interior, fazendo-nos participar da santidade do ser de Deus. A santidade se constrói com muita luta por parte da pessoa que escolheu o caminho estreito: **"Entrai pela porta estreita, porque larga é a porta e espaçoso o caminho que conduz à perdição e numerosos são os que aí entram"** (Mt 7,13).

Também é importante nunca comparar o nosso progresso com o exemplo de outras pessoas. É perigoso pensar: "Não sou tão santo como Fulano, mas felizmente estou melhor que Beltrano". Quem assim procede dá **"provas de pouco bom senso"** (2Cor 10,12). Na prática, temos que olhar para Jesus Cristo. Ao mesmo tempo, devemos nos perguntar: "Estou avançando no caminho da santidade? Estou melhor que há cinco meses, há um ano...? O importante não é onde estamos, e sim o quanto avançamos. A luta de quem busca a santidade é algo maior do que evitar o pecado. O santo odeia o pecado. **"Que a vossa caridade não seja fingida. Aborrecei o mal, apegai-vos solidamente ao bem"** (Rm 12,9). O pecado é muito daninho para a vida espiritual; assim, o santo usa de todos os meios para eliminá-lo de sua vida.

3ª TÁTICA DE CONQUISTA: UNIDADE

Os israelitas eram formados por doze tribos lideradas por Moisés durante os quarenta anos da caminhada do deserto. Em diversas ocasiões essas tribos mostraram-se rebeldes. Este foi também um outro motivo da demora para a conquista da Terra Prometida. Desde o início da caminhada da conquista de Canaã, encontramos o testemunho de que a unidade foi fundamental para a vitória. Uma das primeiras ordens de Josué foi: **"Percorrei o acampamento e proclamai ao povo o seguinte: preparai as provisões. Dentro de três dias atravessareis o Jordão e ireis conquistar a terra que o Senhor vos dá"**

(Js 1,11). Se cada tribo houvesse entrado sozinha para conquistar a terra prometida, fatalmente não teria havido conquista alguma.

No Novo Testamento, Jesus ensinou acerca da necessidade de vivermos em união a fim de realizar a nossa vocação como Igreja: **"Dou-vos um novo mandamento: Amai-vos uns aos outros. Como eu vos tenho amado, assim também vós deveis amar-vos uns aos outros. Nisto todos conhecerão que sois meus discípulos, se vos amardes uns aos outros"** (Jo 13,34-35); **"... a fim de que sejam um como nós... Para que todos sejam um, assim como tu, Pai, estás em mim e eu em ti, para que também eles estejam em nós e o mundo creia que tu me enviaste"** (Jo 17,21). A Igreja primitiva colocou em prática estes ensinamentos: **"A multidão dos fiéis era um só coração e uma só alma"** (At 4,32).

Uma das armas terríveis de Satanás é semear as discórdias ou disputas entre os seguidores de Jesus Cristo. Quando falta unidade, a bênção se perde, como passou a acontecer com o próprio povo de Israel depois de ter tomado posse da Terra. As tribos começaram a se desentender, Israel dividiu-se em dois reinos e por fim perdeu a sua liberdade.

A história da Igreja Cristã passa pela mesma crise. Durante quase mil anos o cristianismo formou uma única Igreja, seguindo a vontade do seu divino fundador, Jesus Cristo. Porém, surgiu a primeira divisão, e assim abriu-se a brecha para a quebra da unidade. Hoje vivemos a dolorosa situação de um cristianismo em pedaços, como se Jesus estivesse dividido.

4ª TÁTICA DE CONQUISTA: DISPOSIÇÃO PARA A LUTA

No primeiro capítulo de Josué encontramos as instruções de Deus para o êxito na conquista de Canaã. Em Josué 1,3 há a promessa: **"Todo lugar que pisar a planta do vosso pé, eu vo-lo dou"**. Em seguida, por quatro vezes o Senhor repete a Josué: **"Esforça-te e tem**

bom ânimo" (vv. 6, 7, 9 e 18). Sem a atitude de coragem e disposição para lutar e tomar posse da terra, as conquistas não se concretizariam. A conquista da terra prometida nos ensina também que quando nos falta a disposição para tomar posse das bênçãos do Senhor, elas acabam por se perder. Ele não abençoa os que ficam de braços cruzados, os orgulhosos e os preguiçosos.

CAPÍTULO 5

A oração para os sete dias do Cerco, diante do Santíssimo Sacramento

"O tempo passado diante do Sacrário é o tempo mais bem empregado da minha vida."
(Santa Catarina de Gênova)

Uma das características do Cerco de Jericó é levar quem dele participa a estar de um modo mais forte na presença do Senhor. Um dos modos excelentes é a adoração eucarística. São Pio X disse aos Adoradores Noturnos da Espanha em 6 de julho de 1908: "Todas belas, todas santas são as devoções da Igreja Católica, porém a devoção ao Santíssimo é, entre todas, a mais sublime, a mais terna, a mais frutuosa". E com Pio XII aprendemos:

> A Eucaristia, de fato, é sacrifício e é, também, sacramento; e difere dos outros sacramentos enquanto não só produz a graça, mas ainda contém de modo permanente o próprio autor da graça. Quando, por isso, a Igreja nos manda adorar a Cristo sob os véus eucarísticos e suplicar-lhe os dons sobrenaturais e terrenos de que temos sempre necessidade, manifesta a fé viva com a qual crê presente sob aqueles véus o seu Esposo divino, manifesta-lhe o seu reconhecimento e goza da sua íntima familiaridade.

O Santo Padre João Paulo II diz que "a adoração eucarística é a obrigação mais essencial na vida do cristão e... a celebração litúrgica da Eucaristia e o culto privado da Eucaristia se complementam entre si".

Conta a história da vida de São Pedro Julião Eymard (1811-1868), apóstolo da Eucaristia, que aos 15 anos, em plena adolescência, sentiu que Jesus o esperava na casa de ouro do Sacrário na igreja, e para lá foi, permanecendo durante um longo tempo em adoração. Sua mãe e sua irmã o procuraram por todos os lugares, sem encontrá-lo. Finalmente a irmã foi até a igreja paroquial e o encontrou diante do Sacrário. Este amor ao Jesus eucarístico despertou no coração do jovem o desejo de ser sacerdote. Ele se tornou o grande santo da Divina presença de Jesus nos nossos sacrários, e fundaria uma congregação religiosa denominada "Sacerdotes do Santíssimo Sacramento", com a missão de viver e propagar o amor e a adoração à Eucaristia.

Este santo ajuda-nos a entender o significado adoração eucarística:

> Adorar a Jesus Cristo no Santíssimo Sacramento é reconhecê-lo, real, verdadeira e substancialmente presente, pelo humilde sentimento duma Fé viva e espontânea, que submete a fraqueza da razão humana à Divindade de tão sublime Mistério. Não devemos querer. como o Apóstolo incrédulo, ver ou tocar para convencer-nos da verdade de Jesus-Hóstia, mas esperar apenas, para podermos prostrar-nos aos seus pés e ouvir esta palavra infalível e suave da santa Igreja, repetindo-nos, com São João Batista: "Eis o Cordeiro de Deus, eis aquele que apaga os pecados do mundo".

São Pedro Julião Eymard também aconselha:

> Quando fordes à adoração, deveis, em primeiro lugar, afugentar o demônio tomando água benta e fazendo um ato de contrição. É um dever de decoro a que está obrigado tanto o pobre como o rico.
> Purificai-vos e entrai! Vinde à adoração fazer o papel dos anjos; sede, portanto, puros como eles. Oh! O estado de graça! O demônio nos distrai dele, e assim procuramos fazer pequenos atos de virtudes negligenciando a pureza de nossa consciência. E o que é um ato de virtude? É um fruto. A árvore, que produz o fruto, depende da raiz; tende pois cuidado para que a raiz seja sã.

> O Senhor se agrada do Louvor que parte dos lábios das criancinhas porque provém de um coração puro.
> Penetrai-vos destas idéias; tende em grande apreço o estado de graça, dizendo freqüentemente: Na adoração, sou o representante da Igreja, de toda a família de Jesus Cristo, sou o advogado dos pobres e dos pecadores, seu intercessor; como ousaria pedir perdão para eles se eu mesmo sou pecador? Ademais, o Senhor somente atende à pureza, ao estado de graça. Os Santos Lhe aplacavam a cólera porque, aos seus olhos, eram vítimas puras adornadas com a pureza de seu Filho, o Pontífice puro, inocente e sem mancha.

Neste sentido, a adoração eucarística é um momento de intimidade, de confiança, de amizade com Jesus Cristo, o Redentor, o Amigo, o Irmão, o Companheiro na nossa peregrinação para a vida eterna. Nestes momentos de oração diante de Jesus Cristo presente no Santíssimo Sacramento, é necessário renovar interiormente a fé na presença real de Cristo na Eucaristia, o que significa entender que a Sua presença é um gesto pessoal de amor por nós. O Senhor está presente e nos chama à Sua intimidade. É o instante oportuno para renovar os propósitos de santidade e de resposta generosa ao amor de Deus. A adoração a Cristo é também a maneira simples de acompanhá-lo com sentimentos de reparação pelos próprios pecados e por todos homens, e fazer nossos os sentimentos mais profundos de Jesus.

COMO FAZER A ADORAÇÃO EUCARÍSTICA

1. Começar com um sinal-da-cruz bem-feito, isto é: tocando na fronte, consagre ao Pai os seus pensamentos; tocando no peito, entregue ao Filho o seu coração, as suas alegrias e tristezas; tocando nos ombros, confie ao Espírito Santo as suas ações e a sua vontade. De um modo especial, peça ao Espírito Santo para conduzir a sua oração.

Ato de consagração ao Espírito Santo

Santo Espírito de Deus, consagro-Te hoje todo o meu ser — vontade, inteligência, memória, imaginação e afetividade. Conduze-me por Teus caminhos, guia-me com Tua sabedoria à vida plena de Jesus. Cria em mim um coração puro e humilde, mas que tenha a ousadia e o ardor dos mártires. Enche-me com Teus dons, santifica-me com Teus frutos. Restaura todo o meu viver, para que eu seja um canal do Teu amor. Amém.

Recite então a Oração da armadura ou a Oração de cura e libertação.

Oração da armadura

Obrigado, Senhor, pela armadura que me providenciaste. Eu me cinjo com o cinturão da verdade. Revisto-me com a couraça da justiça. Calço as sandálias da paz. Coloco o capacete da salvação. Levanto o escudo da fé contra os ardentes dardos do inimigo. Tomo em minhas mãos a espada do Espírito, que é a Palavra de Deus, contra todas as forças do mal em minha vida e em minha família. Revisto-me desta armadura vivendo e orando em dependência de ti, Divino Espírito Santo. Amém.

Oração de cura e libertação

Senhor Jesus, coloco-me diante de ti tal como sou, sinto grande desgosto pelos meus pecados, por favor perdoa-me. Em teu Nome eu perdôo a todos por aquilo que fizeram contra mim. Renuncio a Satanás, aos espíritos malignos e a todas as suas obras. Dou-me inteiramente a Ti, Senhor Jesus, agora e para sempre. Convido-te para minha vida, Jesus, aceito-te como meu único Senhor Deus e Salvador. Cura-me, transforma-me, fortalece o meu corpo, a minha alma e o meu espírito. Vem, Senhor Jesus, cobre-me com o Teu Precioso Sangue e enche-me do Teu Espírito Santo. Amo-te, Senhor Jesus. Louvo-te, Jesus. Seguir-te-ei em todos os dias da minha vida. Amém. Maria, minha Mãe, Rainha da Paz, são Miguel Arcanjo e toda a milícia celeste intercedam por mim e minha família. Amém.

2. Permanecer alguns instantes em silêncio, olhando para Jesus presente no Sacrário ou exposto no altar. Também ajuda a recitação de uma jaculatória simples (por exemplo: Jesus, eu te amo; Senhor Jesus, tende piedade de mim; ou somente: Jesus...). Para quem tem a espiritualidade da renovação carismática, exercitar interiormente a oração em línguas. O importante é dispor-se a estar mais intimamente na presença do Senhor.
3. Recitar calmamente a Oração inicial, completando novamente com um tempo de silêncio diante de Jesus Sacramentado.

Oração inicial

Senhor Deus, nós te louvamos e te adoramos!

Tu estás no meio de nós! Teu Filho Jesus presente na Eucaristia é certeza da tua presença entre nós! Aqui estamos, ó Pai, para te adorar por meio de Jesus na Unção do Espírito Santo. Com alegria proclamamos a tua Santidade, Grandeza, Onipotência, Majestade e Soberania. Não há Deus maior do que tu, Senhor! Aleluia! Aleluia! Aleluia! Diante de ti colocamos a nossa pequenez e a nossa fraqueza e pedimos que venhas em nosso auxílio, com misericórdia e graça. Inspirados por tua Palavra, estamos com fé realizando este Cerco de Jericó, na certeza de que pelo **“poder da oração derrubaremos as muralhas”** que nos impedem de viver na bênção e na prosperidade como filhos de Deus. Oramos: Ó Pai celestial, em nome de Teu Filho, Nosso Senhor Jesus Cristo, pedimos que o poder que deste a Josué e a seus companheiros nas muralhas de Jericó seja dado a mim e aos que fizeram esta oração. Peço-te, Senhor Jesus, quebra as muralhas de pragas, por boca ou contaminação, em relação aos nossos antepassados e nos dias de hoje. Jesus, quebra todas as muralhas de maldições vindas de nossos antepassados e nos dias de hoje. Jesus, quebra todas as muralhas do egoísmo, do ciúme, dos vícios, das origens que forem. Jesus, quebra as muralhas das brigas, contendas, dissoluções de casamento, de famílias (grupos de oração e ministérios), e de todos os tipos de desunião. Jesus, quebra as muralhas de dificuldades financeiras, falta de emprego, dificuldade nos negócios, dificuldades no trabalho, falta de dinheiro e outras dificuldades, sejam quais forem. Jesus, quebra as muralhas das doenças, sejam elas quais forem, principalmente o câncer, a leucemia, a depressão, a aids, a dependência do álcool, das drogas, a prostituição e o homossexualismo. Jesus, quebra todas as muralhas dos maus pensamentos, iluminações, astúcia de Satanás de todas as origens na nossa mente. Jesus, quebra toda ação de Satanás na nossa vida espiritual e faz que sejamos totalmente renovados pelo teu sangue derramado na Cruz. Jesus, quebra todo o ocultismo no nosso passado e agora, seja ele magia, sortilégio, dependência, pacto, entrega com entidade, seja da origem que forem. Jesus, quebra todas as muralhas que impedem a obra de Deus nas nossas vidas. Senhor, entregamos nossas vidas a Ti, para que haja um novo Pentecostes em nós, e acreditamos na Tua Vitória, que também é nossa. Que caiam todas as muralhas do pecado e de suas conseqüências, muralhas que dividem, isolam e nos fecham para uma vida abundante.

Especialmente, pedimos que caia a muralha... (dizer qual a "muralha" da sua vida) que está impedindo-nos de ser felizes!

Com Maria, nossa mãe, e com os irmãos da Igreja, oramos nestes dias sabendo que "em tudo somos mais que vencedores", e com certeza as muralhas cairão!

"Deus Santo, Deus Forte, Deus Imortal, livrai-nos do inimigo e de todo o mal. Amém. Aleluia! "

4. Ler calmamente na Bíblia o texto do dia, e completar com o comentário. Se for necessário, repetir a leitura da reflexão, parando em alguma palavra ou pensamento. Permanecer diante do Senhor com a Palavra meditada. Ter a coragem de dizer: "Senhor, o que queres de mim?" "Senhor, o que desaprovas em mim?" "O que eu preciso melhorar?"

5. Anotar ou guardar no coração tudo aquilo que foi o resultado do seu momento na presença do Senhor. A adoração, como qualquer outra oração, deve sempre levar a um compromisso de mudança para melhor. Afinal, a oração é sempre um encontro com o Deus que nos ama e deseja nos curar e libertar para uma vida mais plena no Espírito.

6. Fazer a Oração final, a comunhão espiritual e a Invocação de São Miguel — é possível completar com a recitação do Terço. Também se pode rezar o Terço em um outro momento do dia. Neste caso, completar com a devoção das três Ave-Marias.

7. Colocar sempre em destaque a intenção da Oração do Cerco. O importante é não ficar somente em uma oração, centrado em si mesmo. Lembrar sempre das intenções do Santo Padre, da Diocese e da Paróquia. Também rezar pela pátria, pelas autoridades e pela conversão dos pecadores.

1º DIA
ESTAR CHEIO DO ESPÍRITO SANTO

Leitura: Deuteronômio 34,8-9

Josué 1,1-3

A história de Josué é muito real e tem uma aplicação específica para a nossa vida espiritual e também para as outras áreas. O Livro de Josué começa com um fato triste: **"Após a morte de Moisés..."** (Js 1,1). Quantas vezes somos surpreendidos por situações inesperadas. E então vem a impressão de que tudo está perdido. Principalmente a morte, a doença, a desarmonia familiar, problemas de afetividade, financeiros, vícios e decepções passam esta impressão. Diante da morte de Moisés, a dúvida dos israelitas era: o que vai acontecer? E diziam: saímos do Egito, estamos diante de uma terra estranha, e agora? Este também é o nosso questionamento.

Josué chorou a morte de Moisés, como todos os israelitas: **"Os israelitas choraram-no durante trinta dias nas planícies de Moab; e passado esse tempo acabaram-se os dias de pranto consagrados ao luto por Moisés" (Dt 34,8)**. Por que Josué foi capaz de reagir, tirando do povo a sensação de derrota, para levá-lo a sonhar com a vitória? Ele estava cheio do Espírito de Deus: **"Josué, filho de Nun, ficou cheio do Espírito de Sabedoria, porque Moisés lhe tinha imposto as mãos" (Dt 34,9)**. Moisés impôs as mãos sobre Josué para que o Espírito Santo o capacitasse a realizar a missão de liderar o povo de Deus na conquista da Terra Prometida. Para realizar a missão de Deus de modo eficaz, é necessária a plenitude do Espírito. **"Se alguém não possui o Espírito de Cristo, este não é dele" (Rm 8,9)**.

No Antigo Testamento, somente algumas pessoas recebiam o Espírito Santo. Jesus veio para inaugurar o tempo do Espírito. Durante os três anos do Seu ministério, mostrou dos modos mais diferentes a importância do Espírito Santo para a vida dos seus seguidores. Antes de voltar para o Pai, disse: **"Eu vos mandarei o Prometido de meu Pai; entretanto, permanecei na cidade, até que sejais revestidos da força do alto" (Lc 24,49)**. Esta promessa aconteceu no dia de Pentecostes, as comportas do céu foram abertas: **"Ficaram todos cheios do Espírito Santo..." (At 2,4)**. A partir daí o Espírito Santo passou a ser derramado sobre todos aqueles que aceitam Jesus no seu coração. Diante da sala do cenáculo, Pedro disse à multidão reunida para ouvi-lo: **"A promessa é para vós, para vossos filhos e para todos os que ouvirem de longe o apelo do Senhor, nosso Deus" (At 2,39)**.

Pentecostes não passou. Está acontecendo continuamente a todo momento e em todo lugar, porque o Espírito Santo deseja entregar-se a todos os homens. Todos podem recebê-lo, basta pedir. **"Se vós, pois,**

sendo maus, sabeis dar boas coisas a vossos filhos, quanto mais vosso Pai celestial dará o Espírito Santo aos que lho pedirem" (Lc 11,13). Não precisamos invejar os apóstolos ou os primeiros cristãos, precisamos apenas estar dispostos a recebê-Lo bem, e Ele virá a nós como no passado.

Também é importante não perder de vista uma das imagens fortes do Espírito Santo: o fogo. **"Apareceu-lhes então uma espécie de línguas de fogo, que se repartiram e repousaram sobre cada um deles"** (At 2,3). O fogo indica entusiasmo, vibração, calor, mas ao mesmo tempo lembra a importância de cuidar para que não se apague. Não basta um dia ter vivido uma experiência de renovação espiritual, mais importante é manter acesa a chama do fogo do Espírito. São Paulo ensina: **"Não vos embriagueis com vinho, que é uma fonte de devassidão, mas enchei-vos do Espírito"** (Ef 5,18). A afirmação do apóstolo, **"enchei-vos do Espírito"**, significa literalmente ser continuamente preenchido e capacitado pelo Espírito Santo a viver como novas criaturas.

Uma pessoa cheia do Espírito não está isenta dos sofrimentos da vida. A vida cristã é uma caminhada de fé. É uma experiência diária de viver em Cristo capacitando-nos a enfrentar todos os obstáculos. Neste sentido, a conquista da Terra Prometida, começando pela travessia do rio Jordão, é uma figura de como apropriar-se pela fé de tudo o que Deus nos dá em Cristo.

Na situação em que você se encontra, boa ou má, deixe-se conduzir nos próximos dias pelas mãos ricas em misericórdia do nosso grande Deus. Não fique relembrando o passado. Viva o presente e enxergue um futuro cheio das bênçãos de Deus. Ouça o Senhor repetindo as palavras dirigidas a Josué: **"Meu servo Moisés morreu. Vamos agora! Passa o Jordão, tu e todo o povo, e entra na terra que dou aos filhos de Israel"** (Js 1,2). O Senhor está dizendo: **Vamos agora! Passa o Jordão...** Passa o pecado, passa a tentação, passa o vício, passa a depressão, passa a desarmonia no lar, passa a mentira... **Entra na posse da terra**, isto é, da vida abundante.

Oração final

2º DIA
O PLANO DE VITÓRIA DE DEUS

Leitura: Josué 1,1-9

O Livro de Josué é um dos livros do Antigo Testamento que todo cristão deveria estudar a fundo. Toda a sua mensagem é um auxílio precioso de como enfrentar o impacto da batalha contra o mundo, a carne e o demônio. A vida cristã não é um simples passeio num parque; sobre isso Paulo fala de um modo muito forte em Efésios 6,12: **"Pois não é contra homens de carne e sangue que temos que lutar, mas contra os principados e potestades, contra os príncipes deste mundo tenebroso, contra as forças espirituais do mal espalhadas nos ares"**.

Ao mesmo tempo, é importante não perder de vista o propósito de Deus para a vida de todos os seus filhos: a vitória. Somos convocados por Deus para assumir a condição de conquistadores dos territórios espirituais e físicos. Tal realidade torna-se possível na medida em que passamos a depender de Deus, por meio de uma vida santa. A conquista da Terra Prometida é uma imagem da vida plena no Espírito, a vida desejada por Deus para todos os cristãos, sem exceção. Para isso é necessário aceitar o plano de conquista dado pelo próprio Deus.

1ª ordem de Deus

"Vamos agora. Passa o Jordão, tu e todo o povo, e entra na terra que dou aos filhos de Israel" (Js 1,2).

A salvação não é um conta-gotas ou um crediário, mas exige uma tomada de posição radical: **Vamos agora**. É agora — **HOJE** — que Deus está chamando você para que saia de uma vida afastada Dele, ou sem fervor e envolvimento verdadeiros. Não existe lugar junto de Deus para os medíocres, fracos ou desanimados. Se você se encontra nesta situação, não pode perder a nova chance de vitória que está sendo apresentada pelo próprio Deus neste Cerco de Jericó.

2ª ordem: A promessa divina é a certeza da vitória

"Enquanto viveres, ninguém te poderá resistir;
estarei contigo como estive com Moisés;
não te deixarei nem te abandonarei" (Js 1,5).

Cada geração precisa por si mesma cultivar a comunhão com Deus, bem como travar suas próprias batalhas espirituais e obter suas próprias vitórias. O fruto da comunhão com Deus é a certeza de que estaremos sendo conduzidos com a sua orientação e a sua proteção **"... não te deixarei nem te abandonarei" (Js 1,5b)**. Esta promessa continua a mesma, conforme a declaração de Hebreus 13,5: **"Não te deixarei nem desampararei. Por isso é que podemos dizer com toda a confiança: O Senhor é meu socorro, e nada tenho que temer. Que me poderá fazer o homem"**.

Por causa da fé inabalável na promessa divina, os israelitas entraram na posse da terra de Canaã. A experiência da conquista de Canaã pode ser comparada à luta diária do cristão, que enfrenta os mais diferentes inimigos espirituais na medida do seu crescimento na fé e na graça.

3ª Ordem: O estado de ânimo para a conquista

"Sê firme e corajoso porque tu hás de introduzir esse
povo na posse da terra que jurei a seus pais dar-lhes" (Js 1,6).

Ninguém entra na posse das bênçãos de Deus permanecendo com a mentalidade do mundo, ou seja, da sua vida antes de encontrar Jesus.

No mundo aprendemos a olhar para a vida e os acontecimentos segundo a sua aparência. Desse modo, a reação da mentalidade do mundo é: quando as coisas vão bem, a pessoa está feliz; se surgem problemas, vem o desespero. A ordem de Deus é clara: **"Sê firme e corajoso"**. O poder de Deus é maior do que as tarefas que precisamos realizar. Se caminharmos na dependência de Deus, afastados do pecado, receberemos força e coragem para avançar nas nossas conquistas.

4ª ordem: Obediência à Palavra

"Não te afastes dela nem para a direita nem para a esquerda, para que sejas feliz em todas as tuas empresas. Traze sempre na tua boca [as palavras] deste livro; medita-o dia e noite, cuidando de fazer tudo o que nele está prescrito" (Js 1,7-8b).

Toda a obra de Deus acontece por meio da Palavra. No início dos tempos: **"Deus disse..."** (Gn 1,3), e tudo passou a ser criado. A história da salvação começou quando **"O Senhor disse a Abraão..."** (Gn 12,1). A libertação da opressão do faraó do Egito ocorreu de um modo sobrenatural; Deus não apareceu, somente se ouviu o que disse: **"Vendo o Senhor que ele se aproximou para ver, chamou-o do meio da sarça: Moisés, Moisés"** (Ex 3,4). Em Hebreus 1,1-2 lemos: **"Muitas vezes e de diversos modos outrora falou Deus aos nossos pais pelos profetas. Ultimamente nos falou por seu Filho, que constituiu herdeiro universal, pelo qual criou todas as coisas"**. A força da Palavra de Deus está no fato de não ser somente letra, mas uma pessoa: Jesus. Quem experimenta a Palavra de um modo vivo colhe o fruto desta união. **"Se permanecerdes em mim, e as minhas palavras permanecerem em vós, pedireis tudo o que quiserdes e vos será feito"** (Jo 15,7). Precisamos ler, estudar, meditar e rezar a Palavra todos os dias, porque ela é o fundamento da fé e da vida espiritual. A Palavra tem que estar guardada no coração para que o Espírito Santo possa transformá-la em vida e bênção.

O resultado da obediência ao plano de batalha de Deus é: **"prosperarás em teus caminhos e serás bem-sucedido"** (Js 1,8c). Muitas vezes a vida espiritual não produz satisfação; os trabalhos apostólicos são infrutíferos; a vida pessoal, a familiar ou a profissional estão em completa desordem; nesses momentos surge todo tipo de questionamento. De acordo com a Palavra de Deus dirigida a Josué, o motivo é a falta de sintonia entre a fé, os próprios interesses e a vida. Quem sabe você diga: fiz alguma coisa de errado e agora estou pagando por esses erros; ou quem sabe esteja culpando os familiares ou pessoas de sua convivência. Para Deus não existem realidades impossíveis de ser vencidas, basta não desistir. E isso se faz colocando a fé diante das lutas da vida.

O papa São Pio X ajuda-nos a entender o caminho a seguir para atrair a bênção de Deus para a nossa casa: "Somente depois de termos formado Jesus Cristo em nós mesmos é que poderemos facilmente restituí-lo às famílias... e isso acontece pelo cultivo da vida interior, isto é, a vida de oração pessoal". Esta foi também a ordem de Deus a Josué: **"Traze sempre na tua boca [as palavras] deste livro; medita-o dia e noite, cuidando de fazer tudo o que nele está prescrito"** (Js 1,8).

Oração final

3º DIA
DEUS RESGATA O PECADOR

Leitura: Josué 2

Começa a marcha para enfrentar o primeiro grande obstáculo: a cidade de Jericó, tida como invencível por causa das suas altas muralhas. **"Josué, filho de Nun, despachou secretamente dois espiões: 'Ide', disse-lhes ele, 'e examinai a terra e a cidade de Jericó'. Em caminho, entraram em casa de uma prostituta, onde se alojaram"** (Js 2,1). A finalidade da expedição era fazer um reconhecimento da região onde ficava Jericó, conseguindo o máximo de informações sobre a cidade e sua população.

Chama a nossa atenção um fato inesperado e intrigante: os espiões hospedam-se na casa de Raab. Quem era essa mulher? Era uma pagã pecadora que abriu o seu coração para o Deus de Israel. **“Em caminho, entraram em casa de uma prostituta chamada Raab”** (Js 2,1b). É apresentada na Bíblia como uma antepassada de Jesus: **“Salmon gerou Booz, de Raab...”** (Mt 1,5). Esta é uma das muitas histórias conhecidas da Bíblia nas quais se vê a manifestação do poder transformador de Deus na vida das pessoas.

Quando uma pessoa deixa a graça de Deus entrar no seu coração, imediatamente toma a decisão de abandonar a antiga vida de pecado. Por exemplo, quando Jesus encontrou a samaritana, que também era uma mulher de vida irregular, disse: **“Todo aquele que beber desta água tornará a ter sede, mas o que beber da água que eu lhe der jamais terá sede. Mas a água que eu lhe der virá a ser nele fonte de água, que jorrará até a vida eterna”** (Jo 4,13-14).

No caso de Raab, como aconteceu a sua conversão? **“Ouvimos dizer como o Senhor secou as águas do mar Vermelho diante de vós, quando saíste do Egito, e como, além do Jordão, tratastes os dois reis dos amorreus, Seon e Og, os quais votastes ao interdito”** (Js 2,10). Estas palavras demonstram que Raab sabia da caminhada de quarenta anos dos israelitas pelo deserto, e do modo sobrenatural como haviam sido conduzidos pelo Senhor. Possivelmente estes relatos a levaram a abandonar as crenças pagãs e o pecado. Ela faz diante dos espiões uma bela profissão de fé: **“Quando ouvimos isso nosso coração desfaleceu, e ninguém mais tem coragem de vos resistir, porque o Senhor, vosso Deus, é o Deus nas alturas dos céus e aqui embaixo na terra”** (Js 2,11). Este ato de confiança em Deus foi elogiado em Hebreus 11,31: **“Foi pela fé que Raab, a meretriz, não pereceu com aqueles que resistiram, por ter dado asilo aos espias”**.

A primeira geração dos israelitas viu Deus agindo, e mesmo assim não se deixou guiar pela visão da certeza da conquista da Terra Prometida. Em outras palavras, havia quarenta anos Jericó já era um inimigo derrotado, e Canaã já era propriedade dos israelitas. Isso não aconteceu por um único motivo: incredulidade.

Há quanto tempo você está esperando para entrar na graça de Deus e libertar-se de um inimigo derrotado na sua vida? Não permita ao pecado, à fraqueza, à tentação, ao vício, aos pensamentos ou à opinião de outras pessoas que continuem a tirar a certeza da vitória. Os seus inimigos já foram derrotados na cruz bendita de Jesus Cristo: "**... cancelando o documento escrito contra nós, cujas prescrições nos condenavam. Aboliu-o definitivamente, ao encravá-lo na cruz. Espoliou os principados e potestades, e os expôs ao ridículo, triunfando deles na cruz**" (Cl 2,14-15).

Declare a posse do poder transformador de Jesus para a sua vida. Se você está arrependido de algum pecado grave jamais confessado, ou que você permite ainda dominar o seu ser, procure a restauração da graça por meio do sacramento da Penitência. Tome a decisão de começar uma vida nova. Mude o relacionamento na família e com as demais pessoas. Tenha o cuidado com as condenações a quem está no pecado. Raab pediu aos enviados de Josué: "**Agora, vo-lo peço, jurai-me pelo Senhor que, do mesmo modo como usei de bondade para convosco, do mesmo modo poupareis a casa de meu pai**" (Js 2,12). Ela pediu misericórdia, e a recebeu.

Deus demonstrou a grandeza de sua misericórdia por você, dando o perdão por meio de Jesus Cristo. Por isso, deixe esse amor de fato agir na sua vida, e seja um canal de transformação para as pessoas da sua casa e a seguir para todas as demais colocadas em sua vida por Deus.

Os espiões voltaram para Josué: "**O Senhor entregou toda essa terra nas nossas mãos, pois todos os seus habitantes tremem diante de nós**" (Js 2,24). No seu coração, diga: "O Senhor entregou a vida em minhas mãos, pois todos os inimigos nada são diante de mim". Existe um futuro a ser conquistado.

Oração final

4º DIA
A PORTA DA VITÓRIA: SANTIDADE DE VIDA

Leitura: Josué 3,5-17

A passagem do rio Jordão pelos israelitas é uma imagem da conversão, e também do nosso batismo. Converter-se não é simplesmente começar a praticar uma religião, e muito menos mudar de Igreja. Josué disse ao povo: **"Santificai-vos, porque amanhã o Senhor operará no meio de vós coisas maravilhosas"** (Js 3,5). Converter-se é abandonar o seu antigo modo de pensar e proceder, para viver o padrão apresentado por Deus. Quem se converte começa um caminho de busca de santidade progressiva, isto é, afasta-se do mal para agradar a Deus. **"Renunciai à vida passada, despojai-vos do homem velho, corrompido pelas concupiscências enganadoras. Renovai sem cessar o sentimento da vossa alma, e revesti-vos do homem novo, criado à imagem de Deus, em verdadeira justiça e santidade"** (Ef 4,22-24).

A conversão sempre enfrenta algum obstáculo que tenta impedir a passagem para a herança de Deus. Josué e os israelitas tiveram a barreira do rio Jordão. As águas barrentas e a correnteza desse rio recordam os nossos impedimentos interiores (pecado, fraquezas, tentações, vícios, carências afetivas, mágoas, amargura diante da vida....), como também a influência negativa de pessoas ou do ambiente.

Para os israelitas poderem atravessar o rio Jordão de um modo milagroso, foram necessários dois passos:

1º Santificação

"Santificai-vos, porque amanhã o Senhor operará no meio de vós coisas maravilhosas" (Js 3,5).

Deus estava para se manifestar de um modo milagroso, por isso diante da santidade dessa presença era necessário purificar-se de todo pecado. Provavelmente os israelitas deveriam proceder como já havia sido ordenado em Êxodo 19,10: **"Vai ter com o povo, e santifica-os hoje e amanhã. Lavem as suas vestes"**. Lavar as vestes e banhar o corpo são símbolos da busca da pureza interior para estar junto de Deus. Para nós cristãos significa despir-se das roupas do homem velho para vestir-se com as vestes do homem novo: **"A noite já vai adiantada, e o dia vem chegando. Despojemo-nos das obras das trevas e vistamo-nos das armas da luz. Comportemo-nos honestamente, como em pleno dia: nada de orgias, nada de bebedeira; nada de dissoluções; nada de contendas, nada de ciúmes. Ao contrário, revesti-vos do Senhor Jesus Cristo, e não façais caso da carne nem lhe satisfaçais aos apetites"** (Rm 13,12-14).

2º Deixar-se guiar pela Arca da Aliança carregada pelos sacerdotes

"Depois falou aos sacerdotes: 'Tomai a Arca da Aliança e ide adiante do povo'. Eles tomaram a Arca adiante do povo e caminharam à testa do povo" (Js 3,6).

A solução para Israel superar a barreira do rio Jordão foi apegar-se ao poder de Deus, presente de um modo visível: **"Eis que a Arca da Aliança do Senhor de toda a terra vai atravessar diante de vós o Jordão. Logo que os sacerdotes que levam a Arca de Javé, o Senhor de toda a terra, tiverem tocado com a planta dos seus pés as águas do Jordão, estas serão cortadas, e as águas que vêm de cima pararão, amontoando-se"** (Js 3,11.13).

Na arca estavam as tábuas da lei de Deus, os vasos do maná e o báculo do sacerdote Arão. Esta arca recorda Maria — Nossa Senhora —, que em seu ventre trouxe Jesus, Palavra Viva, pão descido do céu e sacerdote dos sacerdotes. E também é uma figura da própria Igreja, nossa mãe e mestra. Por meio da Igreja recebemos a pregação da Palavra, somos alimentados com a Eucaristia e conduzidos pelos sacerdotes.

O Jordão é uma imagem da passagem da morte para a vida nova em Cristo pelo poder de sua paixão, cruz e ressurreição, e o Batismo é o sinal visível desta graça acontecendo: "**Fomos, pois, sepultados com Ele na sua morte pelo batismo para que, como Cristo ressurgiu dos mortos pela glória do Pai, assim nós também vivamos uma vida nova" (Rm 6,4)**. Quem entra na água é o velho homem e quem sai é uma nova criatura. Cruzar o rio Jordão, isto é, ser batizado, exige a disposição interior para viver o plano de salvação apresentado pelo Pai em Jesus Cristo. É acreditar que Deus habita em você, e que foram quebrados os laços com a sua antiga existência pecaminosa. "**Todo aquele que está em Cristo é uma nova criatura. Passou o que era velho; eis que tudo se fez novo"** (2Cor 5,17). Você deve acreditar e caminhar com essa convicção, dizendo: "Obrigado, Senhor, por estar em mim para fazer através de mim tudo o que é preciso que se faça para que eu viva a vida de um modo abundante".

Oração final

5º DIA
CELEBRAR E RENOVAR A VITÓRIA DE DEUS

Leitura: Josué 4,1-8

O capítulo 4 do Livro de Josué à primeira vista não traz nenhuma mensagem significativa. Nele está descrito o final da passagem milagrosa do rio Jordão, a construção de um monumento com doze pedras... Uma leitura atenta logo desfaz este engano, pois descobrimos lições preciosas sobre salvação, santificação e a importância de jamais esquecer as maravilhas de Deus.

O rio Jordão se transforma no lugar onde o povo passou de uma situação de perigo para um lugar seguro. Parecia impossível atravessar o rio, pois existia correnteza e as águas estavam transbordando. Os sacerdotes com a Arca da Aliança tocaram nas águas e elas se abriram. A seguir eles desceram ao leito do rio, e ali ficaram até todo o povo passar. Este gesto recorda Jesus, que desceu até a nossa humanidade para abrir o caminho da nossa salvação por meio da sua morte na cruz. Ele veio a nós para nos levantar até Deus. O autor da Carta aos Hebreus escreve a esse respeito: **"Por este motivo, irmãos, temos ampla confiança de poder entrar no santuário eterno, em virtude do sangue de Jesus, pelo caminho novo e vivo que nos abriu do véu, isto é, o caminho do seu próprio corpo"** (Hb 10,19-20).

O rio Jordão se transformou para os israelitas no lugar da salvação, e tal maravilha deveria para sempre ser lembrada: **"Tomai daqui, do meio do Jordão, deste lugar onde os pés dos sacerdotes estiveram parados, doze pedras que levareis convosco e as colocareis no lugar onde haveis de passar a noite. Isso ficará como um memorial entre vós. Quando vossos filhos vos perguntarem um dia: que significam essas pedras? Responder-lhes-ei: as águas do rio Jordão foram cortadas diante da Arca da Aliança; quando ela atravessou o Jordão, as águas foram cortadas, e essas pedras são para os israelitas um monumento eterno em memória desse acontecimento"**(Js 4,3.6-7).

No futuro os descendentes dos israelitas perguntariam: Por que foram recolhidas doze pedras? Eles deveriam responder: **"As águas do Jordão foram cortadas diante da Arca da Aliança do Senhor; quando ela atravessou o Jordão, as águas foram cortadas, e essas pedras são para os israelitas um monumento eterno em memória desse acontecimento"** (Js 4,7). Deus queria que o povo sempre se lembrasse Dele, e celebrasse com festa os seus maravilhosos feitos.

Doze pedras, doze tribos que formavam o povo de Deus a quem estava sendo entregue a Terra Prometida. Doze pedras, doze apóstolos que simbolizaram a Igreja, isto é, novo povo de Deus. **"Conseqüentemente, já não sois hóspedes nem peregrinos, mas sois concidadãos dos santos e membros da família de Deus, edificados sobre o fundamento dos apóstolos..."** (Ef 2,19-20). As doze pedras recordam que os israelitas atravessaram como um único povo de Deus. A conquista de Canaã tornou-se possível por meio da união de todos no mesmo propósito. Também a Igreja de Cristo é chamada com todos os seus membros a dar para o mundo o testemunho de que **"há um só Senhor, uma só fé, um só batismo. Há um só Deus e Pai de todos, que atua acima de todos, por todos e em todos"** (Ef 4,5-6).

Estas doze pedras fora do rio indicam que o povo saiu do rio protegido por Deus. Para manter viva na memória a lembrança deste feito, ordena a edificação de um altar: **"Isso ficará como um memorial entre vós"** (Js 4,6a). Também é dada a ordem para que os pais contem de geração em geração para seus filhos as maravilhas operadas por Deus em favor do Seu povo: **"para que todos os povos da terra saibam que a mão do Senhor é poderosa, e para que conserveis sempre o temor do Senhor, vosso Deus"** (Js 4,24).

Na véspera da Sua morte na cruz, Nosso Senhor e Salvador Jesus Cristo, reunido com os seus apóstolos, durante a última ceia, disse: **"Fazei isto em memória de mim"** (Lc 22,19). Com estas palavras o Senhor estava ordenando que a Igreja recordasse a todos o Seu grande gesto de amor realizado na cruz, e ao mesmo tempo tornasse presente o efeito deste momento. Na Eucaristia, Jesus está presente por inteiro — Corpo, Alma e Divindade —, como também o Seu próprio sacrifício realizado de uma vez por todas no Calvário. O grande milagre da Eucaristia está em podermos receber o mesmo corpo entregue por nós na cruz, o próprio sangue que **"derramou por muitos para a remissão dos pecados"** (Mt 26,28). É por meio da participação fiel na Santa Missa que somos alimentados e capacitados a cada dia para os combates da vida: **"Eu sou o pão da vida; aquele que vem a mim não terá fome, e aquele que crê em mim jamais terá sede"** (Jo 6,35).

Oração final

6º DIA
CORTAR A LIGAÇÃO COM O PECADO

Leitura: Josué 5,2-12

Os israelitas atravessaram o Jordão, e estavam próximos de iniciar o combate para a conquista de Jericó, quando foram surpreendidos por uma nova ordem do Senhor: **"Faze facas de pedras, e circuncida de novo os israelitas"** (Js 5,2). A circuncisão é o corte do prepúcio ou membrana que cobre o extremo dianteiro do pênis. A ordem de Deus era clara: **"Cortareis a carne de vosso prepúcio, e isso será o sinal da aliança entre mim e vós"** (Gn 17,11). Para os judeus, é o rito religioso de pertença ao povo de Deus. Estava prescrito que fosse realizado ao oitavo dia do nascimento. Por que Deus pede essa nova circuncisão do Seu Povo? Todos aqueles que haviam saído do Egito foram circuncidados, o que não havia acontecido com os nascidos no deserto.

A falta da circuncisão indicava o desagrado de Deus com a geração de murmuradores do tempo da primeira expedição de exploração de Canaã ordenada por Moisés. Sobre estes Deus havia dito: **"Não entrareis na terra onde jurei estabelecer-vos, exceto Caleb, filho de Jefoné, e Josué, filho de Nun"** (Nm 14,30). Portanto, era necessário renovar a Aliança com o Senhor consignada desde Abraão: **"Tu, porém, guardarás a minha aliança, tu e tua posteridade nas gerações futuras. Eis o pacto que faço entre mim e vós, e teus descendentes, e que tereis que guardar: Todo homem entre vós será circuncidado"** (Gn 17,9-10).

Para os israelitas remover o prepúcio com uma faca afiada não foi algo fácil; já eram adultos, seria uma experiência dolorida e também ficariam um certo tempo debilitados fisicamente. Porém, era necessário quebrar toda e qualquer ligação com o pecado da geração rebelde do tempo da libertação da opressão do faraó. No final da circuncisão, o Senhor disse: **"Hoje tirei de cima de vós o opróbrio do Egito"** (Js 5,9).

Para o cristão, ser circuncidado significa submeter-se à faca afiada da Palavra de Deus: **"Porque a Palavra de Deus é viva, eficaz, mais penetrante que uma espada de dois gumes, e atinge até à divisão da alma e do corpo, das juntas e medulas, e discerne os pensamentos e intenções do coração"** (Hb 4,12). É o corte da dureza do coração para viver a fidelidade a Deus: **"Mas é judeu o que o é interiormente, e verdadeira circuncisão é a do coração"** (Rm 2,29).

Cada um de nós traz dentro de si a murmuração e a rebeldia da geração dos israelitas no deserto, que representa a obra da carne que tem de ser removida. Exige a coragem de cortar sua presença em nosso interior pela força do Espírito Santo. **"Digo, pois: Deixai-vos conduzir pelo Espírito, e não satisfareis aos apetites da carne"** (Gl 5,16). E quais são as obras da carne? **"Ora, as obras da carne são estas: fornicação, impureza, libertinagem, idolatria, superstição, inimizades, brigas, ciúmes, ódio, ambição, discórdias, partidos, invejas, bebedeiras, orgias, e outras coisas semelhantes. Dessas coisas vos previno, como já vos preveni: os que as praticarem não herdarão o Reino de Deus"** (Gl 5,19-21).

O "opróbrio do Egito"é qualquer coisa contrária aos ensinamentos da Palavra, que tentamos justificar ou esconder, como também tudo o que nos afasta da comunhão com Deus. Quantos sentimentos ou atitudes impróprios presentes na vida dos membros da Igreja tornam a pessoa infeliz, destroem o relacionamento familiar e impedem a construção da civilização de amor desejada por Deus no mundo. É necessário confrontar o nosso estilo de vida com o padrão apresentado por Deus. Aceitar Jesus implica permitir a realização de uma autêntica circuncisão no nosso ser, para que mais e mais nos assemelhemos a Ele. **"Nele fostes circuncidados com a circuncisão não feita por mão de homem, mas com a circuncisão de Cristo, que consiste no despojamento de nosso ser carnal"** (Cl 2,11).

O Senhor também ordena aos israelitas que celebrem novamente a Páscoa, pois isso não era feito desde que tinham deixado para trás o deserto. A Páscoa é uma recordação da noite em que o Senhor e o anjo da morte passaram sobre as casas dos israelitas no Egito, porque estavam protegidos pelo sangue do cordeiro. Para o cristão é uma imagem do coração agradecido, que aponta para o dia da nossa libertação, quando Cristo se converteu no sacrifício da Páscoa definitiva. Se os israelitas tinham como preceito divino a obrigação de celebrar a primeira Páscoa, o novo povo de Deus, selado com o sangue de Cristo, deve celebrar de um modo maior a vitória vinda pela cruz e ressurreição. **"Ao nosso Sumo Sacerdote, entretanto, compete ministério tanto mais excelente quanto ele é mediador de uma aliança mais perfeita, selada com melhores promessas"** (Hb 8,6). E isso acontece por meio da Eucaristia.

Depois da celebração da Páscoa foi dado um novo alimento. O maná que os tinha sustentado no deserto deixou de aparecer no dia em que entraram na Terra Prometida e começaram a alimentar-se de comida satisfatória, como é o trigo: **"No dia seguinte à Páscoa comeram dos produtos da região, pães sem fermento e trigo tostado"** (Js 5,11). Durante os quarenta anos de caminhada pelo deserto alimentaram-se todos os dias com o maná. Comeram algo que os sustentava e dava energia, sem satisfazê-los.

No discurso do pão da vida, Jesus recorda este fato: **"Vossos pais, no deserto, comeram o maná e morreram"** (Jo 6,49), e completa: **"Eu sou o pão vivo que desci do céu. Quem comer deste pão viverá eternamente. E o pão, que eu hei de dar, é a minha carne para a salvação do mundo"** (Jo 6,51). Desde o início do cristianismo, para os cristãos, o domingo é Páscoa, e como conseqüência é o dia por excelência de participar da Eucaristia. Também surge o desejo de uma participação mais freqüente, conforme o testemunho de São Clemente de Alexandria: "Todos os dias Cristo se oferece em alimento e bebida de imortalidade". Neste espírito é possível afirmar que o pão cotidiano que pedimos diariamente no Pai-Nosso é preferencialmente a Eucaristia: **"Eu sou o pão de vida: aquele que vem a mim não terá fome, e aquele que crê em mim jamais terá sede"** (Jo 6,35).

ORAÇÃO FINAL

7º DIA
A QUEDA DE TODAS AS MURALHAS

Leitura: Josué 6,1-20

A vida cristã é uma caminhada da fé. É uma experiência diária de viver em Cristo. A conquista da Terra Prometida realizada pelos israelitas liderados por Josué é uma comparação forte de como apropriar-se pela fé de tudo o que Deus pôs à nossa disposição em Cristo.

Entremos e tomemos posse da terra de Canaã, que representa nossa atual herança em Cristo. Em Cristo temos tudo aquilo de que necessitamos para viver a vida cristã. Cresçamos em sua graça e seu conhecimento. Continuemos rumo à vitória na nossa vida cristã. Em Filipenses 3,8, o apóstolo São Paulo dá um testemunho da vitória que está em Cristo: **"Na verdade, julgo como perda todas as coisas, em comparação com esse bem supremo: o conhecimento de Jesus Cristo, meu Senhor. Por ele, tudo desprezei e tenho em conta de esterco, a fim de ganhar a Cristo"**.

Como você deixa Deus trabalhar na sua vida no dia-a-dia? Você cruzou algum rio Jordão? Isto é, Deus revelou algum pecado que você tem que abandonar, ou algum inimigo que você precisa enfrentar? Você identificou algumas áreas onde deseja crescer? Ótimo, significa que você deixou Deus falar ao seu coração. Agora é importante seguir o plano de batalha para se tornar um conquistador de bênçãos.

"Jericó, cidade murada, tinha-se fechado diante dos israelitas, e ninguém saía dela nem podia entrar" (Js 6,1). Esta era uma das mais poderosas fortalezas do seu tempo. Era importante conquistar aquela cidade. Diante deles, a pouca distância de seu acampamento em Gilgal, estava localizada uma planície fértil, capaz de produzir colheitas abundantes para alimentar o povo durante todo o período de conquista de Canaã. Em seu interior existiam palácios e templos, e uma população que tinha todo tipo de maus costumes e vícios... Jericó era uma das principais sedes do culto idólatra dedicado a Astarote, a deusa da Lua.

Jericó tinha dois muros grossos ao redor dela, com casas em cima deles, como uma fortaleza. Estava bem fortificada. Tinha um rei e guerreiros valentes. É o símbolo da fortaleza do pecado, das tentações, dos vícios, das feridas emocionais ou das nossas demoras em realmente entregar a vida a Cristo. Qual é sua Jericó? Jericó estava na entrada do vale do Jordão, que se converteu na entrada da Terra Prometida. Era a chave para a conquista da terra. Se também você não derrotar sua Jericó não conseguirá a vitória na sua vida.

Deus deu aos israelitas diante de Jericó uma palavra de fôlego: **"Vê: entreguei-te Jericó, seu rei e seus valentes guerreiros"** (Js 6,2). Aí foi dada a revelação do resultado da batalha: vitória absoluta. Assim, quando enfrentamos obstáculos, quaisquer que sejam, devemos fazê-lo com confiança, porque a promessa de vitória é a mesma. Nossas armas são o poder de Deus: **"Não são carnais as armas com que lutamos. São poderosas, em Deus, capazes de arrasar fortificações" (2Cor 10,4).**

A vida cristã vitoriosa não é automática. Devemos nos manter relacionados diretamente com Cristo. Nossa meta é depender da sua direção e da sua força para a caminhada diária. Se confiarmos em nossa própria projeção e em nossos próprios planos, falharemos. A chave é buscar diariamente a sabedoria do Senhor. Isso exige compromisso com a Palavra, fidelidade à oração diária, alimentar-se da Eucaristia, dar testemunho, participar de algum serviço na Igreja. E não perder nenhuma ocasião para aprofundar as estratégias de vitória. A única maneira de conquistar Jericó é a maneira de Deus. **"Dai volta à cidade, vós todos, os homens de guerra; contornai toda a cidade uma vez. Assim fareis durante seis dias. Sete sacerdotes, tocando sete trombetas, irão adiante da Arca. No sétimo dia dareis sete vezes volta à cidade, tocando os sacerdotes a trombeta. Quando o som da trombeta for mais forte e ouvirdes a sua voz, todo povo soltará um grande clamor e a muralha da cidade desabará. Então o povo tomará de assalto a cidade, cada um no lugar que lhe ficar defronte"** (Js 6,3-5).

A ordem aparentemente é um pouco fora do normal em uma batalha. Não usar armas, contornar a cidade, os sacerdotes tocando trombetas, e seguindo em procissão a Arca da Aliança. Entretanto, é necessário observar que Josué fez questão de transmitir a instrução de Deus com toda a fidelidade. Muitas batalhas são perdidas porque se tenta adaptar a Palavra de Deus à vontade pessoal ou aos hábitos e costumes do mundo. Não podemos afirmar crer em Deus e viver de um modo diferente. As estratégias de Deus não são impossíveis de ser praticadas. Os mandamentos do Senhor nunca são menores do que a graça para vivê-los.

Existem muitas muralhas a ser derrubadas para entrar na posse da nossa Jericó. São as lutas interiores contra a carne, as tentações, as fraquezas e os vícios, as feridas causadas pelos desentendimentos, as frustrações, as carências financeiras, as doenças incuráveis, a família, filhos rebeldes e envolvidos com drogas, as ações na justiça etc. Satanás e o seu exército, e outros inimigos, estão armados nos muros de todas essas "jericós", tentando nos impedir de conquistar a vitória. O segredo está em depositar toda a confiança em Deus e levantar o nosso louvor, e assim virão abaixo todas as dificuldades que têm impedido o acesso à bênção de Deus.

ORAÇÃO FINAL

8º DIA
DEPOIS DA CONQUISTA: MANTER-SE NA SANTIDADE DE VIDA

(para rezar no dia seguinte ao encerramento do Cerco)

Para os israelitas não se tratava de conquistar Jericó e tomar posse de suas riquezas como um prêmio da vitória. Essa grande cidade era somente o primeiro obstáculo para uma conquista maior: a Terra Prometida por Deus. Vencer Jericó era a confirmação de que, mesmo sem ser um grande povo aos olhos humanos, e assim sem possuir também um exército profissional, os israelitas possuíam a melhor de todas as armas e o melhor general: a fé em Deus.

Israel, seguindo a orientação do Senhor dos exércitos, marchou corajosamente contra a poderosa cidade de Jericó. De acordo com as estratégias militares, o modo como Josué conduziu a batalha não tinha sentido. Em condições normais, a derrota seria certa. Mas, porque tudo era parte do plano dado por Deus, e o povo lhe obedeceu, o resultado foi a vitória. As muralhas caíram, a cidade foi tomada, e a notícia se espalhou trazendo terror para as outras cidades de Canaã. **"O povo clamou e os sacerdotes tocaram as trombetas. E logo que o povo ouviu o som das trombetas levantou um grande clamor. A muralha desabou..." (Js 6,20).**

Os israelitas estavam cheios de confiança diante do modo sobrenatural como a poderosa cidade de Jericó havia sido conquistada. O passo seguinte seria a batalha contra uma cidade pequena chamada Hai. Esperavam uma vitória rápida. E a realidade foi outra: **"Três mil homens aproximadamente se puseram a caminho, mas foram batidos pela gente de Hai, caindo mortos trinta e seis homens, os inimigos perseguiram-nos desde a porta da cidade até Serabim, ainda quando fugiam pela encosta. O povo ficou consternado com isso e perdeu toda a coragem" (Js 7,4-5).**

Diante da derrota inesperada, o povo perdeu a coragem, e Josué e os anciãos de Israel não eram capazes de entender a causa dessa humilhação. Deus respondeu nos seguintes termos: **"Israel pecou, a ponto de violar a aliança que eu tinha prescrito, e a ponto de tomar das coisas votadas ao interdito, roubá-las, ocultá-las, escondê-las entre as bagagens" (Js 7,11).** Existia um pecado secreto cometido por um dos israelitas, que devia ser descoberto e removido, para desse modo restaurar a presença e a bênção do Senhor: **"Se não tirardes o interdito do meio de vós, não estarei mais convosco de ora em diante" (Js 7,12).** Deus queria ajudar o seu povo a reconhecer que o pecado de uma pessoa afeta a todos, e por isso todos devem sentir-se responsáveis em zelar pela fidelidade em viver de acordo com as leis divinas.

A ordem de Deus antes da conquista de Jericó fora clara: **"Guardai-vos de tocar no que é votado ao interdito. Se tomardes algo do que foi anatematizado, atraireis o interdito sobre o acampamento de Israel, o que seria uma catástrofe. Toda a prata, todo o ouro e todos os objetos de bronze e de ferro serão consagrados ao Senhor e farão parte do seu tesouro" (Js 6,18-19).** Acã, membro da tribo de

Judá, não obedeceu a esta ordem: **"reteve para si coisas condenadas"** (Js 7,1). E as conseqüências da sua desobediência não caíram somente sobre ele, mas todo o povo foi atingido. O pecado pessoal atinge quem o pratica, mas também contamina outras pessoas e o ambiente. O pecado enfraquece toda resistência; transforma guerreiros em homens fracos. Quando Israel pecava, até o inimigo mais frágil prevalecia contra ele. Acã cometeu um pecado amaldiçoado, e o minúsculo exército de Hai humilhou com a derrota os israelitas.

A situação terrível do pecado de Acã é um alerta para quem deseja trilhar o caminho da vitória destruindo as muralhas das maldições pelo poder da oração. Quando pecamos, quebramos a comunhão com Deus, instalamos no nosso coração tudo o que é próprio do pecado, em outras palavras, um pecado arrasta a outro. Acã se apropriou do ouro e da prata dedicados ao tesouro do Senhor — roubou a Deus as primícias da terra de Canaã.

Diante do pecado escondido, Deus dá uma ordem específica: **"Não poderás resistir aos teus inimigos enquanto não tiveres tirado o interdito que está no meio de vós"** (Js 7,13). E assim foi feito. Todas as tribos passaram a ser examinadas para saber quem havia violado o interdito do Senhor. Acã devia estar pensando: "O que é um pouco de ouro ou prata?" O problema não estava no tamanho ou na quantidade, e sim na desobediência à ordem dada por Deus para que não tomassem nada de Jericó.

Quantos pensam que o pecado oculto não prejudica ninguém. O exemplo de Acã mostra como o pecado escondido prejudica muitas pessoas. Acã conseguiu esconder seu pecado de todos, menos de Deus. As pessoas dizem: uma mentira não faz mal; ou cometer uma desonestidade para obter algum proveito pessoal; ou satisfazer algum prazer proibido da carne, como o sexo antes do casamento; ou não ser fiel aos votos assumidos diante do altar; ou deixar-se dominar pelos sentimentos de ódio e vingança. Estas e outras situações contrárias à Lei de Deus precisam ser removidas da nossa vida para que recebamos, ou não percamos, a bênção de Deus.

Uma outra lição prática do pecado de Acã é que devemos estar atentos à situação da vida da Igreja. Quando nossas paróquias e comunidades vivem em algum estado deplorável de falta de entusiasmo ou divisões, em vez de desistir ou mudar de lugar, examinemo-nos para ver se não há um Acã em nosso interior. Com o coração arrependido, é necessário descobrir e confessar pecados que nos afastam da presença de Deus.

Uma vez removido o pecado, Israel estava pronto para continuar a sua conquista. E assim foi feito, os israelitas atacaram novamente Hai, agora com vitória. A obediência às leis divinas conduz à vitória, porém qualquer concessão ao pecado é ocasião para perdê-la. Não basta vencer uma vez, é necessário permanecer na vitória.

Oração final

ORAÇÃO FINAL

Oremos

Ó Pai Celestial, em nome de seu Filho Senhor Jesus Cristo, peço-lhe pela ação do Espírito Santo que o poder que deste para Josué e seus companheiros nas muralhas de Jericó, seja dado a mim e aos que fazem esta oração.

Jesus, derruba todas as muralhas das maldições vindas pela herança recebida dos meus antepassados até os dias de hoje;

Jesus, derruba todas as muralhas de brigas, contendas no casamento, família e de todos os tipos de desunião;

Jesus, derruba as muralhas das dificuldades nos negócios, trabalho, falta de dinheiro e outras dificuldades de ordem financeira;

Jesus, derruba as muralhas das doenças sejam elas quais forem; do vício do álcool, drogas, fumo;

Jesus, derruba as muralhas dos maus pensamentos;

Jesus, derruba as muralhas de toda ação de Satanás em minha vida espiritual e faz com que eu seja totalmente renovado pelo poder do Espírito Santo;

Jesus, derruba as muralhas de todo o ocultismo em meu passado, seja ele magia, sortilégio, dependência, pacto, entrega a entidades;

Jesus, derruba as muralhas que impedem a obra de Deus em minha vida;

Jesus! Entrego minha vida a Ti, para que sejas glorificado e que aconteça um novo Pentecostes em mim, eu acredito na vitória. Amém.

Comunhão espiritual

Meu Jesus, eu creio que estais presente no Santíssimo Sacramento. Amo-vos sobre todas as coisas, e minha alma suspira por Vós. Mas, como não posso receber-Vos agora no Santíssimo Sacramento, vinde, ao menos espiritualmente, a meu coração. Abraço-me convosco como se já estivésseis comigo: uno-me Convosco inteiramente. Ah! não permitais que torne a separar-me de Vós! Ó Jesus, sumo bem e doce amor meu, vulnerai e inflamai o meu coração, a fim de que esteja abrasado em Vosso amor para sempre. Amém.

Invocação a São Miguel Arcanjo

São Miguel Arcanjo, defendei-nos no combate; sede nosso refúgio contra a maldade e as ciladas do demônio. Ordene-lhe Deus, instantemente o pedimos; e vós, Príncipe da milícia celeste, pelo divino poder, precipitai no inferno a Satanás e a todos os espíritos malignos, que andam pelo mundo para perder as almas.

ESCOLHA UMA ORAÇÃO DE ACORDO COM O MOTIVO DO CERCO DE JERICÓ

Oração pela Igreja

Deus e Senhor nosso, protegei a vossa Igreja! Dai-lhe santos pastores e dignos ministros. Derramai suas bênçãos sobre os cardeais e sobre todo o clero. Dai ao vosso povo paz constante e prosperidade completa. Favorecei com vossa bondade os destinos da Igreja para que possa continuar a ser no mundo sinal de seu amor e portadora da mensagem de Jesus Cristo. Amém.

Oração pela Igreja e pela Família

Senhor Deus, do alto do céu olhai a Vossa Igreja e olhai para a nossa família, que é uma pequena igreja, e concedei-lhe o dom de Vossa paz, de Vosso amor, de Vosso socorro; enviai-nos Vosso Espírito Santo, para que nos amemos uns aos outros, mantendo-nos num mesmo espírito pelos vínculos da paz e da caridade, para que formemos um só corpo, que tenhamos uma mesma fé, como nós fomos chamados a uma mesma esperança por nossa vocação para chegarmos, juntos, ao perfeito amor em Jesus Cristo. Amém.

Oração pela Igreja e pela pátria

Deus e Senhor nosso, protejei a Vossa Igreja, dai-lhe santos pastores e dignos ministros. Derramai as vossas bênçãos sobre o nosso Santo Padre, o Papa; sobre o nosso (Arce)Bispo, sobre o nosso Páro-co e sobre todo o clero; sobre o chefe da Nação e do Estado e sobre todas as pessoas constituídas em dignidade, para que governem com justiça. Dai ao povo brasileiro paz constante e prosperidade completa. Favorecei com os efeitos contínuos de vossa bondade o Brasil, este (Arce)Bispado, a Paróquia em que habitamos, a cada um de nós em particular e a todas as pessoas por quem somos obrigados a orar, ou que se recomendaram às nossas orações. Tende misericórdia das almas dos fiéis que padecem no purgatório: dai-lhes, Senhor, o descanso e a luz eterna.

Oração da paz

Senhor, Deus da paz, Tu que criaste os homens para serem herdeiros da Tua glória, nós Te bendizemos e agradecemos porque nos enviaste Jesus, Teu Filho bem-amado. Tu fizeste dele, no mistério de Sua Páscoa, o realizador de nossa salvação, a fonte de toda paz, o laço de toda fraternidade. Agradecemos pelos desejos, esforços e realizações que Teu Espírito de paz suscitou em nossos dias, para substituir o ódio pelo amor, a desconfiança pela compreensão, a indiferença pela solidariedade. Abre mais ainda nosso espírito e nosso coração para as exigências concretas do amor a todos os nossos irmãos, para que sejamos, cada vez mais, artífices da paz. Lembra-Te, ó Pai, de todos os que lutam, sofrem e morrem para o nascimento de um mundo mais fraterno. Que para os homens de todas as raças e línguas venha Teu reino de justiça, paz e amor. Amém.

(Papa Paulo VI)

CAPÍTULO 6

Quinze minutos em companhia de Jesus Sacramentado

Esta meditação é uma oportunidade preciosa para cultivar a intimidade com Jesus Sacramentado. É necessário exercitar a fé e a imaginação. Coloque-se diante do Sacrário ou do Santíssimo Sacramento exposto. Com certeza Ele esta ali pronto para receber você, e também disposto a derramar todas as bênçãos mais urgentes.

Depois de um instante de adoração, escolha uma oração para estar diante do Santíssimo (ver capítulo seguinte), recite-a calmamente. A seguir, em uma posição confortável, leia pausadamente a meditação por 15 minutos... Se for oportuno, pare por um instante quando for tocado a conversar mais profundamente com o Senhor. No final, peça a intercessão de Nossa Senhora, recitando a devoção das três Ave-Marias, para guardar no coração e praticar todas as inspirações dadas pelo Senhor.

MEDITAÇÃO

Não é necessário, meu filho, saber muito; basta que me ames com fervor. Fala-me, pois, aqui, com simplicidade e candura, como falarias ao mais íntimo dos teus amigos, como falarias à tua mãe, ao teu irmão.

Precisas fazer-me algumas súplicas em favor de alguém ?... Dize-me o seu nome, quer seja o de teus pais, quer o de teus irmãos e amigos; dize-me, em seguida, o que quererias que eu fizesse atualmente em favor deles.

Pede muito, muito, não desanimes em pedir. Alegro-me com os corações generosos, que chegam a esquecer quase de si próprios, para atender às necessidades alheias.

Fala-me dos pobres que queres consolar, dos enfermos que vês perto da morte, dos extraviados que desejas conduzir ao bom caminho, dos amigos ausentes que estimarias ver de novo ao teu lado. Apresenta por todos aos menos uma palavra, mas uma palavra de amigo, afetuosa e cheia de fervor.

Lembro-me que prometi ouvir toda a prece que sair do coração. E não há de ser do coração o pedido que me fazes por aqueles que teu coração mais especialmente ama?

E para ti, não necessitas de alguma graça?... Se queres, faze-me uma lista de tuas necessidades e vem lê-las diante de mim.

Dize-me francamente que sentes em ti a soberba, o amor à sensualidade, o egoísmo, preguiça, a inconstância, mágoa, inveja, ciúme e pede-me que vá sem demora em auxílio dos esforços, pouco ou muito, que fazes para sacudir de ti essas misérias...

Não te envergonhes, pobre alma!... Há no Céu tantos justos tantos e tantos santos de primeira ordem que tiveram esses mesmos defeitos. Porém, oraram com humildade, lutaram e, com energia e constância, pouco a pouco se viram livres deles.

Menos ainda duvides pedir-me bens espirituais e temporais: saúde... memória... bom entendimento... êxito feliz nos trabalhos, negócios ou estudos... Tudo isso posso dar-te e o dou e desejo que peças, contanto que não seja contrário à tua santificação, antes, nela te ajude e aproveite.

Agora mesmo, que necessitas?... Que posso fazer para teu bem?

Trazes presentemente algum projeto entre as mãos?... Conta-me tudo minuciosamente. Que te preocupa?... Que pensas?... Que desejas?...

Dize-me se vai mal a tua vida, e eu te direi as causas do mau êxito.

Não queres apresentar-me o pedido de alguma graça para ti?... Meu filho, eu sou Senhor dos corações e levo-os suavemente, sem prejuízo da liberdade deles, para onde me apraz...

Sentes acaso tristeza ou mau humor?... Pobre alma desconsolada, conta-me com todos os pormenores as tuas tristezas... Quem te decepcionou?... Quem ofendeu o teu amor próprio?... Quem te desprezou?...

Aproxima-te do meu Coração, que tem bálsamo eficaz para todas as feridas. Entrega-me tudo e acabarás em breve por dizer-me que, à minha imitação, tudo perdoas, tudo esqueces... e terás em prêmio a minha bênção consoladora.

Temes porventura? Sofres por algo do teu passado? Cometeste algum erro grave? Foste traído, ou não te amaram como desejarias? A vida não trouxe a realização dos teus sonhos? Algo, atualmente, te preocupa em tua vida pessoal, familiar, profissional...? Lança-te nos braços da minha Providência. Estou contigo... Tens-me aqui, a teu lado, tudo vejo e ouço, creia em mim, não te desamparo.

Sentes indiferença da parte de pessoas que pouco antes te queriam bem e agora, esquecidas ou ingratas, desviam-se de ti, sem lhes teres dado motivo algum?... Reza por elas... e eu as restituirei a teu lado, se não forem de obstáculo à tua santificação.

E não tens alguma alegria, alguma consolação que me comuniques?... Porque não me fazer participar delas, como a um bom amigo?

Conta-me o que desde ontem, ou desde a tua última visita, te consolou e fez dilatar o teu coração. Talvez tenhas tido agradáveis surpresas... Talvez antigos problemas tenham encontrado solução.....

Quem sabe recebestes alegres notícias... uma carta... um sinal de carinho... uma dificuldade vencida, um perigo desviado... Tudo é obra minha: tudo isso eu concedi em teu favor. Porque não me hás de manifestar por tudo a tua gratidão e dizer-me, sinceramente, como um filho a seu pai: "Graças, meu Pai, graças infinitas!"? O agradecimento traz consigo novos benefícios, porque dá gosto ao benfeitor ver-se correspondido.

E por mim?... Não sentes desejo da minha glória?... Não quererias por amor de mim fazer algum bem a teu próximo... a teus amigos... àqueles que tu estimas e talvez vivam esquecidos de mim?... Abre generosamente o teu coração...

Não tens alguma promessa que fazer-me?... Leio, já o sabes, no fundo do teu coração. Os homens podem enganar-se facilmente; Deus, não. Fala-me, pois, com toda a sinceridade. Tens firme resolução de não te expores mais aquela ocasião de pecado?... de privar-te daquele objeto que te exaltou a imaginação?... de não tratar com aquela pessoa que te roubou a paz da alma?... E voltarás a ser manso com aquela outra, a quem, por não te servir uma vez, tens olhado até hoje como inimigo?...

Pois bem, meu filho! Volta às ocupações ordinárias... a tua família... ao teu estudo... Porém, não esqueças os quinze minutos de grata conversação que tivemos aqui, os dois, na solidão do Santuário.

Guarda, em tudo que puderes, silêncio, modéstia, recolhimento, resignação na minha vontade e caridade com o próximo. Ama deveras minha Mãe, que também é tua, a Virgem Santíssima...

(breve silêncio)

Jaculatória (repetir 3 vezes): ó Jesus, presente no Santíssimo Sacramento, Vós sois o pão vivo descido do céu: dai-me sempre deste alimento para que eu tenha vida.

CAPÍTULO 7

Orações para o Santíssimo Sacramento

BÊNÇÃO DO SANTÍSSIMO

Tão Sublime Sacramento

Tão Sublime Sacramento, vamos todos adorar. Pois o Antigo Testamento deu ao Novo o seu lugar. Venha a Fé por suplemento os sentidos completar.

Ao Eterno Pai cantemos, a Jesus o Salvador. Ao Espírito exaltemos a Trindade Deus Amor. Ao Deus Uno e Trino demos alegria do louvor. Amém. Amém!

Sacerdote: Do céu nos destes o Pão

Todos: Que contém todo o sabor.

Oremos: Ó Deus, que neste admirável Sacramento nos conservastes a Memória de Vossa Paixão, concedei-nos, vo-lo pedimos, que veneremos os Sagrados Mistérios do Vosso Corpo e Sangue, de modo que sintamos em nós o fruto de Vossa Redenção. Vós que viveis e reinais com o Pai e o Espírito Santo, por todos os séculos. Amém!

Bendito seja Deus!

Bendito seja Seu Santo Nome.

Bendito seja Jesus Cristo, verdadeiro Deus e verdadeiro Homem.

Bendito seja o Nome de Jesus.

Bendito seja o Seu Sacratíssimo Coração.

Bendito seja Jesus no Santíssimo Sacramento do Altar.

Bendito seja Seu Preciosíssimo Sangue.

Bendita seja a Grande Mãe de Deus, Maria Santíssima.

Bendita seja Sua Imaculada Conceição.

Bendita seja Sua Gloriosa Assunção.

Bendito seja o Nome de Maria Virgem Mãe.

Bendito seja São José, seu castíssimo Esposo.

Bendito seja Deus nos Seus Anjos e nos Seus Santos.

Deus e Senhor nosso, protegei a vossa Igreja, dai-lhe santos Pastores e dignos Ministros, derramai as Vossas Bênçãos sobre o nosso Santo Padre o Papa, sobre o nosso Cardeal Arcebispo e seus Bispos Auxiliares, sobre o nosso Pároco e todo o Clero, sobre o Chefe da Nação e do Estado e sobre todas as pessoas constituídas em dignidade para que governem com justiça. Dai ao povo brasileiro paz constante e prosperidade completa. Favorecei com os efeitos contínuos da Vossa Bondade o Brasil, este Arcebispado, a Paróquia em que habitamos, a cada um de nós em particular e a todas as pessoas por quem somos obrigados a orar ou que se recomendaram às nossas orações. Tende misericórdia das almas dos fiéis que padecem no Purgatório. Dai-lhes, Senhor, o descanso e a Luz Eterna.

Pai-Nosso, Ave-Maria e Glória.

Adoro te devote, latens Deitas
(Santo Tomás de Aquino)

Eu te adoro com afeto, Deus oculto,
que te escondes nestas aparências.
A ti sujeita-se o meu coração por inteiro
e desfalece ao te contemplar.

A vista, o tato e o gosto não te alcançam,
mas só com o ouvir-te firmemente creio.
Creio em tudo o que disse o Filho de Deus,
nada mais verdadeiro do que esta Palavra da Verdade.

Na cruz estava oculta somente a tua divindade,
mas aqui se esconde também a humanidade.
Eu, porém, crendo e confessando ambas,
peço-te o que pediu o ladrão arrependido.

Tal como Tomé, também eu não vejo as tuas chagas,
mas confesso, Senhor, que és o meu Deus;
faz-me crer sempre mais em ti,
esperar em ti, amar-te.

Ó memorial da morte do Senhor,
pão vivo que dás vida ao homem,
faz que meu pensamento sempre de ti viva,
e que sempre lhe seja doce este saber.

Senhor Jesus, terno pelicano,
lava-me a mim, imundo, com teu sangue,
do qual uma só gota já pode
salvar o mundo de todos os pecados.

Jesus, a quem agora vejo sob véus,
peço-te que se cumpra o que mais anseio:
que, vendo o teu rosto descoberto,
seja eu feliz contemplando a tua glória.

Ato de confiança em Jesus Sacramentado

Jesus, confio em Vós! Eu sei e creio que estás realmente presente na Eucaristia e que vos agrada o meu louvor, a minha adoração e a minha total entrega a Ti. Sei que nada sou, que nada posso, que nada de bom tenho de mim mesmo. Mas Tu és o meu tudo e em ti encontro todas as consolações de que necessito para caminhar rumo à vida plena e eterna. Jesus, é difícil para mim lidar com os meus sentimentos com equilíbrio e santidade. Por isso, Senhor, abro mão de tentar resolver os problemas apenas com as minhas forças, com o meu entendimento e a minha compreensão da realidade. Por maior que seja o esforço humano, ele será inútil sem a vossa bênção. É por isso que aqui me prostro humildemente ante Tua presença (eucarística) e clamo por vossa bênção e proteção. Sei que sou templo do Espírito Santo e sei também que desejas habitar em mim. Ajuda-me, Senhor, a esperar em Ti, a calar as minhas inquietações, a não tentar me justificar perante rejeições, críticas, julgamentos e cobranças. Eu sei, Senhor, que todas as coisas cooperam para o bem daqueles que amam a Deus — mesmo as coisas que aparentam ser um fracasso e não uma vitória. Por isso venho a Ti, Senhor, trazendo-me por inteiro, e — perdoa-me tal ousadia — deixo contigo os problemas e dificuldades que não consigo resolver. Tu, Senhor, tens a solução. Tu és a solução! Quero olhar-te, Senhor, e ao contemplar o infinito mistério do teu amor, serenar o meu coração e repousar confiante aos teus pés. Sei que posso contar contigo e sei também que em Ti alcançarei a solução de todos os problemas e dificuldades. Concede-me, Senhor, a paciência para esperar o momento da vitória que se alcança só em Ti. E para isso sei que inspirarás todas as minhas atitudes em vista das dificuldades que sozinho não consigo resolver. Sem Ti, nada sou! Vinde, pois, em meu auxílio. Jesus, confio em Ti! Amém!

Oração de adoração ao Santíssimo Sacramento
(Cardeal Newman)

Meu Salvador: ponho-me agora na Tua presença, mas sei que já estou diante de Ti todo o tempo. Adoro-te aqui presente como Deus e como homem, em alma e corpo, em verdadeira carne e sangue. Creio firmemente que me ajoelho diante da mesma Sagrada Humanidade que foi concebida no ventre de Maria e repousou no seu seio, que cresceu até os doze anos, realizou milagres e pronunciou palavras de sabedoria e paz, que ao devido tempo carregou a cruz, jazeu no sepulcro, ressuscitou da morte e agora reina no céu. Eu Te louvo e bendigo, e me entrego completamente a Ti, que és o verdadeiro Pão de minha alma e minha alegria eterna. Amém.

Oração a Jesus no Santíssimo Sacramento
(Santo Afonso de Ligório)

Senhor meu Jesus Cristo, que pelo amor que tendes aos homens estais noite e dia neste Sacramento, todo cheio de piedade e de amor, esperando, chamando e recebendo a todos os que vem visitar-Vos; eu creio que estais presente no Santíssimo Sacramento do Altar. Eu Vos adoro, abismo do meu nada, e Vos dou graças por todos os benefícios que me tendes feito; especialmente, por Vós mesmo Vos terdes dado a mim neste Sacramento, e por me terdes concedido por advogada Vossa Mãe, Maria Santíssima, e por me terdes chamado a Visitar-Vos nesta igreja. Eu saúdo, hoje, o Vosso amadíssimo Coração, e minha intenção é fazê-lo por três motivos: primeiro, em ação de graças por esta grande dádiva; segundo, para compensar-Vos de todas as injúrias que tendes recebido neste Sacramento de todos os vossos inimigos; terceiro, com a intenção de nesta visita adorar-Vos em todos os lugares de toda a Terra onde na Vossa presença sacramental estais menos reverenciado e em maior abandono. Meu Jesus, eu Vos amo de todo o meu Coração; pesa-me ter no passado tantas vezes ofendido a

Vossa infinita bondade. Proponho, com o auxílio da Vossa graça, nunca mais ofender-Vos para o futuro. E no presente, miserável qual sou, eu me consagro todo a Vós, e renuncio a toda minha própria vontade, a todos os afetos e desejos, e a tudo o que é meu, para vo-Lo oferecer. De hoje em diante fazei Vós de mim e de tudo o que me pertence aquilo que for de Vosso agrado.

Só procuro e só Vos peço o Vosso santo amor, a perseverança final e o perfeito cumprimento de Vossa vontade. Recomendo-Vos as almas do Purgatório, especialmente as mais devotas do Santíssimo Sacramento e da Bem-aventurada Virgem Maria. Recomendo-Vos também todos os pobres pecadores. Finalmente, desejo unir, meu querido Salvador, todos os meus afetos com os do Vosso amoroso Coração, e assim unidos os ofereço a Vosso Pai Eterno, e lhe peço em Vosso nome, que por Vosso amor os queira aceitar e atender. Amém.

Oração de reparação a Jesus Sacramentado

Por todas as infidelidades ao sacramento do amor, por todas as Eucaristias mal celebradas, por todas as comunhões malfeitas, por todas as blasfêmias e sacrilégios contra o Santíssimo Sacramento, por todas as profanações de sacrários, por toda a falta de companhia e de oração junto aos sacrários onde Jesus está abandonado, nós pedimos com ardente confiança:

Coração de Jesus, perdão e misericórdia!

Por todas as profanações do Domingo como dia do Senhor, por todas as faltas voluntárias ao preceito dominical, porque o Domingo não é para muitos dia de oração, de sacramento eucarístico, dia da intimidade com Deus, dia da família, do amor e da comunhão familiar, porque se tornou dia de pecado, de maus divertimentos, de ofensas ao Senhor, de desprezo a Deus e às Suas Leis, nós pedimos com ardente confiança:

Coração de Jesus, perdão e misericórdia!

Por todos os crimes, pelas guerras que geram destruição e morte, pelos ódios, pelos atentados à vida e à dignidade dos homens, pelos abortos e pelas atrocidades, pelas manipulações da vida humana, pela eutanásia, pelo desprezo, pela exploração, pelas injustiças cometidas contra tantos dos nossos irmãos e irmãs, nós pedimos com ardente confiança:

Coração de Jesus, perdão e misericórdia!

Pelos roubos, pelas mentiras, pelas fraudes de todo gênero, pela droga, pela prostituição, por toda a depravação moral e sexual, por tudo o que é erótico, pornográfico, por tudo o que é falta de pudor e de castidade, de respeito sagrado pelo corpo, como templo do Espírito Santo, nós pedimos com ardente confiança:

Coração de Jesus, perdão e misericórdia!

Para todos os que vivem em pecado mortal, para todos os que não rezam, para todos os que se dizem ateus, agnósticos, indiferentes, para todos os que estão moribundos, para os agonizantes desta hora, para todos os que não têm força para deixar o pecado e converter-se ao amor de Deus, abrindo-se ao perdão e à Reconciliação, nós pedimos com ardente confiança:

Coração de Jesus, perdão e misericórdia!

Pelo abandono a que são lançados os idosos, as crianças órfãs ou deficientes, pelo desprezo e pela humilhação sofridos por tantos inocentes, por todas as situações que levam à solidão, à angústia, ao desespero de tantos homens e mulheres, por tantas situações que geram rancores, ódios, divisões, discórdias, nós pedimos com ardente confiança:

Coração de Jesus, perdão e misericórdia!

Por todas as faltas de caridade para com o próximo, por todas as críticas, murmurações e calúnias, pela indiferença para com os pobres, os indigentes, os que não têm casa, pão, amor, família, por todas as faltas cometidas por comodismo, por orgulho, por egoísmo, por falta de atenção e delicadeza com os outros, nós pedimos com ardente confiança:

Coração de Jesus, perdão e Misericórdia!

CAPÍTULO 8

Preparação para o Sacramento da Reconciliação

"Àqueles a quem perdoardes os pecados, ser-lhes-ão perdoados; àqueles a quem os retiverdes, ser-lhes-ão retidos."
(João 20,23)

1. EM NOME DO PAI, DO FILHO E DO ESPÍRITO SANTO. AMÉM

2. PEDIR O AUXÍLIO DO ESPÍRITO SANTO

"Vinde, Espírito Santo, e enchei os corações dos vossos fiéis, e acendei neles o fogo do vosso amor. Enviai, Senhor, o vosso Espírito, e tudo será Criado, e renovareis a face da terra."

Oremos: Ó Deus, que instruístes os vossos fiéis com a luz do Espírito Santo, fazei que apreciemos retamente todas as coisas, e gozemos sempre da sua consolação, por Cristo, Senhor nosso, Amém."

Salmo 50: *Miserere*

3Tende piedade de mim, ó Deus, segundo a vossa bondade, e conforme a imensidade da vossa misericórdia, apagai a minha iniqüidade.
4Lavai-me totalmente da minha falta, e purificai-me do meu pecado.

5 Eu reconheço a minha iniqüidade, diante de vós está sempre o
meu pecado.

6 Só contra vós pequei, o que é mau fiz diante de vós. Vossa sen-
tença assim se manifesta justa, e reto o vosso julgamento.
7 Eis que nasci na culpa, minha mãe concebeu-me no pecado.
8 Não obstante, amas a sinceridade de coração; infunde-me, pois,
a sabedoria no mais íntimo de mim.
9 Aspergi-me com um ramo e ficarei puro; lavai-me e me torna-
rei mais branco do que a neve.
10 Fazei-me ouvir uma palavra de gozo e de alegria, para que
exultem os ossos que triturastes.
11 Dos meus pecados desviai os olhos, e minhas culpas todas
apagai.
12 Ó meu Deus, criai em mim um coração puro, e renovai-me o
espírito de firmeza.
13 Da vossa face não me rejeiteis, e nem me priveis do vosso San-
to Espírito.
14 Restituí-me a alegria da salvação, e sustentai-me com uma von-
tade generosa.
15 Então, aos maus ensinarei os vossos caminhos, e voltarão a vós
os pecadores.
16 Deus, ó Deus, livrai-me da pena deste sangue derramado, e a
vossa misericórdia a minha língua exaltará.
17 Senhor, abri meus lábios, a fim de que minha boca anuncie os
vossos louvores.
18 Vós não vos aplacais com sacrifícios rituais; e se eu vos ofere-
cesse um sacrifício vós não aceitaríeis;
19 Meu sacrifício, ó Senhor, é um espírito contrito; um coração
arrependido e humilhado, ó Deus, não haveis de desprezar.
20 Senhor, pela vossa bondade, tratai Sião com benevolência, re-
construí os muros de Jerusalém!
21 Então aceitareis os sacrifícios prescritos, as oferendas e os holo-
caustos; então, sobre o vosso altar vítimas vos serão oferecidas.

ou

Salmo 129: *De profundis*

1Do fundo do abismo, clamo a vós, Senhor!
2Senhor, ouvi minha oração; que vossos ouvidos estejam aten-
tos à voz de minha súplica.
3Se levardes em conta nossos pecados, Senhor, quem poderá per-
manecer diante de vós?
4Mas em vós se encontra o perdão dos pecados, para que, reve-
rentes, o sirvamos.
5Ponho minha esperança no Senhor. Minha alma tem confiança
em sua palavra.
6Minha alma espera pelo Senhor, mais ansiosa do que os vigias
esperando a manhã;
7Mais do que os vigias aguardam a manhã, esperai Israel pelo
Senhor. Porque junto dele se acha a misericórdia; encontra-se
nele copiosa redenção.
8Ele mesmo há de remir Israel de todas as suas iniqüidades.

EXAME DE CONSCIÊNCIA

1º Mandamento — *"Amarás o Senhor, teu Deus, de todo o teu coração, de toda a tua alma, de todas as tuas forças."*

Duvidei da existência de Deus? Acreditei apenas em um ser supremo? Reneguei ou abandonei a minha fé? Pensei ou afirmei que todas as religiões são boas? Procurei aprender sobre a minha religião? Rezei todos os dias? Li livros ou revistas imorais, escritos ou jornais contrários à fé e aos bons costumes? Conservei esses escritos comigo? Emprestei-os a outros? Assisti a programas de TV ou cinema contrários à fé e aos bons costumes? Zombei da religião ou dos seus ministros? Desconfiei da misericórdia de Deus? Queixei-me da Sua providência nas doenças, na pobreza e nos sofrimentos? Deixei de fazer, por muito tempo, os atos de fé, de esperança e de amor? Zombei das coisas santas? Revoltei-me contra Deus? Freqüentei reuniões, cultos ou organizações contrárias à minha fé, como: espiritismo, umbanda, quimbanda, saravá, batuque, maçonaria, curandeirismo, Seicho-no-iê, cartomantes, magia, feiticeiros, benzedeiras, adivinhos? Estou portando orações supersticiosas? Agouros? Amuletos? Figuinhas? Lidei com despachos? Acreditei em horóscopos? Usei o horóscopo? Fiz curso de controle mental ou desenvolvimento mental e emocional ou meditação transcendental? (Talvez não tenha participado diretamente dessas reuniões, cultos ou organizações contrários à minha fé, mas deles participaram meus pais, parentes ou outras pessoas que me comprometeram indiretamente. Talvez tenha ido apenas por estudo e curiosidade, contudo fiquei comprometido.) Coloquei as coisas do mundo, tais como riqueza, prazer, poder, fama, meus conhecimentos, acima de Deus? Adorei Satanás? Invoquei Satanás? Evoquei os espíritos dos mortos? Acreditei na reencarnação?

2º Mandamento — *"Não pronunciarás o nome do Senhor, teu Deus, em vão."*

Pronunciei o nome de Deus dizendo palavras irreverentes? Roguei praga contra Deus? Ofendi a Deus com palavras? Recusei o auxílio de Deus? Desconfiei de Deus? Pronunciei o nome dos santos sem respeito? Blasfemei contra Deus? Contra Nossa Senhora? Contra os santos? Contra a Igreja? Contra os sacramentos? Jurei em falso ou sem necessidade? Prometi coisas ruins com juramento? Tenho deixado de cumprir promessas que fiz? Falei das coisas santas sem respeito?

3º Mandamento — *"Guardarás o domingo e dias santos de preceito."*

Participei da Missa inteira aos domingos e dias santos? Cheguei tarde por própria culpa? Fui irreverente na igreja, rindo e conversando inutilmente? Tenho trabalhado aos domingos e dias santos sem necessidade? Aproveitei esses dias para rezar mais e passar mais tempo com a família? Obriguei outros a trabalhar sem uma causa justa em dia santo?

4º Mandamento — *"Honrarás pai e mãe."*

Fui malcriado com meus pais e superiores? Entristeci-os gravemente? Desejei-lhes mal? Eu lhes desobedeci em coisas importantes? Zombei de pessoas pobres, idosas, aleijadas? Tive vergonha dos meus pais? Neguei-lhes minha ajuda e minha assistência, sobretudo se velhos ou doentes? Amo meus pais? Honro meus pais? Eu os perdôo? Rezo por eles?

5º Mandamento — *"Não matarás."*

Expus-me a perigo de vida sem necessidade? Tentei suicídio? Fui imoderado no comer e no beber? Embriaguei-me? Usei tóxico? Injuriei os outros? Deixei de ajudar o próximo em suas necessidades espirituais ou materiais? Briguei? Alimentei pensamentos ou desejos de vingança? Tive raiva ou ódio do meu próximo? Desejei-lhe algum mal? Desejei-lhe a morte? Conservei alguma inimizade? Denunciei alguém injustamente à autoridade para tirar proveito? Pus em perigo a vida corporal ou espiritual de outros com palavras, omissões, atitudes exageradas? Fui ousado na direção do carro? Convidei alguém para o pecado? Disse palavras injuriosas para o meu próximo? Espanquei? Feri? Matei alguém? Mandei matar ou aconselhei a matar? Aconselhei ou provoquei aborto? Fiquei triste com o bem do próximo? Dei mau exemplo?

6º e 9º Mandamentos — *"Não pecarás contra a castidade."* — *"Não cobiçarás a mulher do próximo."*

Faltei ao pudor? Despi-me diante dos outros? Cometi pecados impuros comigo mesmo (masturbação)? Com outros? Com animais? Provoquei tentações ou desejos impuros por meio de más leituras, toques, cinemas, bailes licenciosos, trajes indecentes? Contei piadas imorais? Procurei as ocasiões de pecado? Rezo pedindo a Deus a força para ser casto? Tive relações fora do matrimônio? Liberdades no namoro? Defendi a promiscuidade e relações pré-matrimoniais? Defendi o divórcio? O aborto? Desejei adultério? Pratiquei adultério? (Esse pecado deve ser considerado violação de uma lei de Deus e não apenas uma inofensiva falta moral. O adultério destrói a família.)

7º e 10º Mandamentos — *"Não furtarás."* — *"Não cobiçarás as coisas alheias."*

Tenho furtado alguma coisa dos outros? Tenho furtado dinheiro dos meus pais? Cobicei coisas alheias? Aceitei ou comprei coisas furtadas, com conhecimento disso? Fiquei com coisas achadas, sem procurar o dono? Planejei algum furto? Causei prejuízo de propósito ou por negligência? Paguei as minhas dívidas? Procurei reparar os danos causados? Abusei da alta de preços? Cobrei juros excessivos? Enganei o próximo nas compras e vendas? Apelei injustamente para as leis trabalhistas para obter indenizações indevidas? Desperdicei tempo no trabalho? Retive coisas que deveria ter dado ao próximo? (A devolução faz parte do perdão do pecado.)

8º Mandamento — *"Não levantarás falso testemunho."*

Menti? Falei mal dos outros? Difamei? Caluniei? Fiz juízos falsos e temerários? Semeei discórdia e inimizade na família? Provoquei inimizades políticas? Exagerei as faltas dos outros? Dei falso testemunho contra o próximo? Sou crítico, fofoqueiro e mexeriqueiro? Gosto de ouvir falar mal dos outros? Reparei o mal que fiz com calúnias e mexericos? (A reparação faz parte do perdão do pecado.)

MANDAMENTOS DA IGREJA

Deixei de confessar-me ao menos uma vez por ano? Confessei-me sem contrição sincera e sem firme propósito de corrigir-me? Não cumpri a penitência imposta? Não fiz a comunhão pascal? Comunguei sabendo que estava em pecado grave? Faltei ao jejum prescrito? Comi carne nos dias de abstinência? Ajudei a Igreja? Participei com interesse na vida paroquial? Rezei pela Igreja? Engajei-me como apóstolo pelo exemplo e pela participação também financeira? Obedeci às justas leis do Estado? Aproveitei-me dos bens públicos ilicitamente? Usei mal ou desperdicei bens públicos? Soneguei impostos?

3. DEPOIS DA CONFISSÃO

Busque a presença de Jesus permanecendo diante do Sacrário para agradecer o perdão recebido, pedir a graça para não mais pecar e reparar aquilo que for necessário.

SALMO 29

1 Eu vos exaltarei, Senhor, porque me livrastes. Não permitistes que exultassem sobre mim meus inimigos!
2 Senhor, meu Deus, clamei a vós e fui curado.
3 Senhor, minha alma foi tirada por vós da habitação dos mortos, dentre os que descem para o túmulo vós me salvastes!
4 Ó vós, fiéis do Senhor, cantai a sua glória; dai graças ao seu Santo Nome.
5 Porque a sua indignação dura apenas um momento, enquanto a sua benevolência é para toda a vida. Pela tarde vem o pranto, mas de manhã retorna a alegria.
6 Eu porém, disse, seguro de mim: "Não serei jamais abalado".
7 Senhor, foi por favor que me destes honra e poder, mas quando escondestes vossa face fiquei aterrado.
8 A vós, Senhor, eu clamo, e imploro a misericórdia do meu Deus!
9 Que proveito vos resultará de retomar-me a vida, de minha descida ao túmulo?
10 Porventura vos louvará o meu pó? Apregoará ele a vossa fidelidade?
11 Ouvi-me, Senhor, e tende piedade de mim; Senhor, vinde em minha ajuda.
12 Vós convertestes o meu pranto em prazer, tirastes meus farrapos de penitência e me destes roupas de festa.
13 Assim, minha alma vos louvará sem calar jamais. Senhor, meu Deus, eu vos bendirei eternamente.

(*Reza pelo Santo Padre, o Papa* – Pai-Nosso, Ave-Maria e Glória)

CAPÍTULO 9

Orações diversas

BÊNÇÃO DO LAR

Deus, Pai de misericórdia, criador de todas as coisas, invocamos o teu Espírito Santo sobre este lar e seus moradores. Assim como visitaste e abençoaste a casa de Abraão, de Isaac e de Jacó, visita-os e guarda-os na tua luz. Guarda estas paredes de todos os perigos: do incêndio, da inundação, do raio, dos assaltos, de todo e qualquer mal. Venham teus anjos portadores de paz! Suplicamos também a proteção e a saúde para todos os que aqui habitam. Afasta-os da divisão e da falta de fé. Abençoa e guarda este lar e todos os que o visitam. Por Cristo Jesus. Amém!

A BÊNÇÃO DOS LARES

Deus, Senhor nosso, nós vos adoramos porque sois a fonte da vida, a fonte do amor e da felicidade. Purificai nosso amor de toda inveja, de todo ciúme e de toda raiva. Nós vos agradecemos por todos os dons naturais concedidos a cada um em particular, pela família que santificais com os sacramentos, que são vossa presença amorosa e eficiente. Dai-nos, ó Pai celeste, a graça de irradiar em nossa casa mais amor e compreensão... Fazei que imitemos a família de Nazaré para sentirmos a alegria de Vosso amor e sermos luz neste mundo aflito e confuso. Isto vos pedimos com a intercessão da Sagrada Família, em união com o Divino Espírito Santo. Amém. (Pode-se aspergir com água benta.)

FAMÍLIA

Senhor, nós vos louvamos pela nossa família e agradecemos a vossa presença no nosso lar. Iluminai-nos para que sejamos capazes de assumir o nosso compromisso de fé na Igreja e de participar da vida da nossa comunidade. Ensinai-nos a viver a vossa palavra e o novo mandamento do amor. Concedei-nos a capacidade de reconhecer as nossas diferenças de idade, de sexo, de caráter, para nos ajudarmos nas fraquezas, compreendermos nossos erros e vivermos em harmonia. Dai-nos, Senhor, boa saúde, trabalho com salário justo e um lar onde possamos viver felizes. Ensinai-nos a tratar bem os mais necessitados e pobres e dai-nos a graça de aceitar com fé a doença e a morte quando se aproximarem de nossa família. Ajudai-nos a respeitar e incentivar a vocação de cada um e também daqueles que Deus chamar a seu serviço. Que na nossa família reinem a confiança, a fidelidade, o respeito mútuo, e que o amor nos una cada vez mais. Permanecei na nossa família, Senhor, e abençoai o nosso lar hoje e sempre. Amém.

ORAÇÃO DE BÊNÇÃO

Senhor, a Tua Palavra diz que em Teu nome devemos abençoar todas as pessoas: as que amamos e também aquelas que ainda não conseguimos amar. Eu sei, Jesus, que a bênção é fruto do Teu amor dentro de nós e agindo através de nós. Por isso, eu agora Te peço: enche meu coração com o Teu amor. Sim, Senhor, creio que o Teu amor está me plenificando, e com este amor posso agora abençoar meu cônjuge, meus filhos, meus pais, meus sogros, meus familiares, meus amigos e meus vizinhos. Em Teu nome, Jesus, eu também abençôo as pessoas que tanto me magoaram, prejudicaram e ofenderam. Senhor, que a Tua bênção restaure o coração de todas estas pessoas e as encha de amor e paz. Eu abençôo, em Teu nome, tudo o que me cerca: minha casa, meu trabalho, meus empreendimentos e todos os bens que me deste. Por eles, Senhor, eu Te agradeço. E agora, Jesus, peço-Te que me abençoes e capacite-me a viver dentro de Tua bênção.

CAPÍTULO 10

Para rezar o terço de Nossa Senhora e da Divina Misericórdia

TERÇO DE NOSSA SENHORA PASSO A PASSO

1. Faça o sinal-da-cruz, recite o oferecimento e, segurando na cruz do terço, reze o Credo.
2. Preste homenagem à Santíssima Trindade rezando um Pai-Nosso, três Ave-Marias e um Glória ao Pai.
3. Em cada mistério, reze um Pai-Nosso, dez Ave-Marias, um Glória ao Pai e a jaculatória:

   "Ó meu Jesus, perdoai-nos, livrai-nos do fogo do inferno, levai as almas todas para o céu e socorrei principalmente as que mais precisarem de vossa misericórdia."

4. Depois do último mistério, reze o agradecimento e a Salve-Rainha. Para receber as indulgências próprias da recitação do terço, reze um Pai-Nosso e uma Ave-Maria nas intenções do Santo Padre.

ORAÇÕES DO ROSÁRIO

O sinal-da-cruz

Em nome do Pai, do Filho e do Espírito Santo. Amém.

Pequeno oferecimento: Divino Jesus, ofereço-vos este terço que vou rezar contemplando os mistérios de nossa redenção. Pela intercessão de Maria, Vossa mãe Santíssima, a quem me dirijo, concedei-me as virtudes para bem rezá-lo e a graça de ganhar as indulgências desta santa devoção.

O Credo

Creio em Deus Pai Todo-poderoso, criador do céu e da terra; e em Jesus Cristo, seu único Filho, nosso Senhor; que foi concebido pelo poder do Espírito Santo; nasceu da Virgem Maria, padeceu sob Pôncio Pilatos, foi crucificado, morto e sepultado; desceu à mansão dos mortos; ressuscitou ao terceiro dia; subiu aos céus, está sentado à direita de Deus Pai Todo-poderoso, de onde há de vir a julgar os vivos e os mortos. Creio no Espírito Santo, na santa Igreja Católica, na Comunhão dos Santos, na remissão dos pecados, na ressurreição da carne, na vida eterna. Amém.

Pai-Nosso

Pai Nosso, que estais nos céus, santificado seja o vosso nome, venha a nós o vosso reino, seja feita a vossa vontade, assim na terra como no céu. O pão nosso de cada dia nos dai hoje; perdoai as nossas ofensas, assim como nós perdoamos a quem nos tem ofendido, e não nos deixeis cair em tentação, mas livrai-nos do mal. Amém.

Ave-Maria

Ave, Maria, cheia de graça, o Senhor é convosco; bendita sois vós entre as mulheres e bendito é o fruto do vosso ventre, Jesus. Santa Maria, Mãe de Deus, rogai por nós, pecadores, agora e na hora de nossa morte. Amém.

Glória

Glória ao Pai, ao Filho e ao Espírito Santo. Como era no princípio, agora e sempre. Amém.

Agradecimento

Infinitas graças vos damos, soberana Rainha, pelos benefícios que todos os dias recebemos de vossas mãos liberais. Dignai-vos, agora, receber e para sempre tomar-vos debaixo de vosso poderoso amparo e, para mais vos obrigar, vos saudamos com uma Salve-Rainha:

Salve-Rainha

Salve, Rainha, Mãe de misericórdia, vida, doçura e esperança nossa, salve! A vós bradamos, os degredados filhos de Eva. A vós suspiramos, gemendo e chorando neste vale de lágrimas. Eia, pois, Advogada nossa, esses vossos olhos misericordiosos a nós volvei e depois deste desterro mostrai-nos Jesus, bendito fruto do vosso ventre, ó clemente, ó piedosa, ó doce Virgem Maria.

Mistérios do Rosário

Mistérios gozosos
(segundas-feiras e sábados)

1º Mistério: Contemplamos o anúncio do anjo Gabriel a Maria (Lucas 1,26-38).

2º Mistério: Contemplamos a visita de Maria a sua prima Isabel (Lucas 1,39-56).

3º Mistério: Contemplamos o nascimento de Jesus em Belém (Lucas 2,1-15).

4º Mistério: Contemplamos a apresentação de Jesus no Templo (Lucas 2,22-35).

5º Mistério: Contemplamos a perda e o encontro do menino Jesus no Templo (Lucas 2,41-52).

Mistérios dolorosos
(terças e sextas-feiras)

1º Mistério: Contemplamos a agonia de Jesus no Jardim das Oliveiras, onde Ele foi preso (Mateus 26,36-56).

2º Mistério: Contemplamos a tortura de Jesus por ordens de Pilatos (Marcos 15,16-20).

3º Mistério: Contemplamos a condenação de Jesus à cruz (Marcos 15,6-15).

4º Mistério: Contemplamos Jesus carregando a cruz até o Calvário (Lucas 23,26-31).

5º Mistério: Contemplamos a crucificação de Jesus (Lucas 23,33-46).

Mistérios gloriosos
(quartas-feiras e domingos)

1º Mistério: Contemplamos a ressurreição de Jesus (Lucas 24,1-12).
2º Mistério: Contemplamos a ascensão de Jesus (Atos dos apóstolos 1,3-11).
3º Mistério: Contemplamos a vinda do Espírito Santo, que transforma os apóstolos (Atos dos apóstolos 2,1-14).
4º Mistério: Contemplamos a Assunção de Maria ao céu (Apocalipse 12,14).
5º Mistério: Contemplamos a coroação de Nossa Senhora no céu (Apocalipse 12,1-6).

Mistérios luminosos
(quinta-feira)

1º Mistério: Contemplamos Jesus sendo batizado por João Batista no rio Jordão (Mateus 3,13-16).
2º Mistério: Contemplamos Jesus nas bodas de Caná, quando, a pedido de sua mãe, transforma água em vinho (João 2,1-12).
3º Mistério: Contemplamos Jesus anunciando o Reino de Deus e convidando à conversão (Marcos 1,14-15).
4º Mistério: Contemplamos a transfiguração de Jesus no Monte Tabor (Lucas 9,28-36).
5º Mistério: Contemplamos a Santa Ceia, na qual Jesus instituiu a Eucaristia (Mateus 26,26-29).

Terço da Divina Misericórdia

No início:
Reza-se um Pai-Nosso, uma Ave-Maria e o Credo.

Nas contas grandes do Pai-Nosso, reza-se calmamente uma vez:

Eterno Pai, eu Vos ofereço o Corpo e o Sangue, a Alma e a Divindade de Vosso diletíssimo Filho, Nosso Senhor Jesus Cristo, em expiação de nossos pecados e dos pecados do mundo inteiro.

Nas contas pequenas da Ave-Maria, reza-se calmamente dez vezes:

Por Vossa dolorosa Paixão, tende misericórdia de nós e do mundo inteiro.

No fim do terço, reza-se três vezes:

Deus Santo, Deus forte, Deus imortal, tende piedade de nós e do mundo inteiro.

Palavras de Jesus a santa Faustina

As almas que rezarem este terço serão envolvidas por minha Misericórdia em sua vida e especialmente na hora da morte. Esse terço, rezado junto a um agonizante, aplaca a ira divina e enorme misericórdia envolve a alma...

Oração às três da tarde

Às três horas da tarde suplique minha misericórdia, de modo particular para os pecadores e, ao menos por breve tempo, aprofunde-se em minha Paixão, especialmente em meu abandono no momento da agonia. É uma hora de grande misericórdia para o mundo todo. Permitirei que penetre na minha tristeza mortal; nessa hora não negarei nada à alma que me pedir, pela minha Paixão.

Vós morrestes, Jesus, mas uma fonte de vida jorrou para as almas, e abriu-se um mar de misericórdia para o mundo. Ó fonte de vida, inescrutável misericórdia divina, envolvei o mundo todo e derramai-vos sobre nós. Ó Sangue e Água que jorrastes do coração de Jesus como fonte de misericórdia para nós, eu confio em Vós.

Apêndice

Melhorando a meditação do Terço com João Paulo II

No dia 16 de outubro de 2002, ao iniciar seu vigésimo quinto ano de pontificado, João Paulo II promulgou a carta apostólica *Rosarium Virginis Mariae* (RVM, sobre o Rosário). Por meio deste documento, o Papa quis propor uma redescoberta da riqueza espiritual dessa devoção marcante da piedade popular e proclamou o ano do Rosário de outubro de 2002 a outubro de 2003, desejando que fosse acolhido com generosidade e solicitude. Em 12 de janeiro de 2003, em uma carta às missões, fez um apelo a todos os católicos de boa vontade:

> quero sugerir que intensifiquem a recitação do santo Rosário, em nível pessoal e comunitário, para obter do Senhor aquelas graças de que a Igreja e a humanidade têm particular necessidade. Por isso, convido a todos: crianças e adultos, jovens e anciãos, famílias, paróquias e comunidades religiosas.

A força do Rosário está em ser uma oração de contemplação, isto é, pela meditação de cada mistério, pela recitação calma e recolhida do Pai-Nosso e da Ave-Maria, o coração se eleva a Deus e saboreia a sua doce presença.

Coloco à sua disposição dois capítulos da *Carta sobre o Rosário*. Leia-os com atenção, aprenda com João Paulo II o segredo do caminho seguro de ir para Deus por intermédio das mãos cheias de ternura da Virgem Maria.

Capítulo II
MISTÉRIOS DE CRISTO — MISTÉRIOS DA MÃE

O Rosário, "compêndio do Evangelho"

18. À contemplação do rosto de Cristo só podemos introduzir-nos escutando, no Espírito, a voz do Pai, porque "ninguém conhece o Filho senão o Pai" (Mt 11,27). Nas proximidades de Cesaréia de Filipe, perante a confissão de Pedro, Jesus especificará a fonte de uma tão clara intuição da sua identidade: "Não foram a carne nem o sangue quem to revelaram, mas o meu Pai que está nos céus" (Mt 16,17). É, pois, necessária a revelação do alto. Mas, para acolhê-la, é indispensável colocar-se à escuta: "Só *a experiência do silêncio e da oração* oferece o ambiente adequado para maturar e desenvolver-se um conhecimento mais verdadeiro, aderente e coerente daquele mistério".

O Rosário é um dos percursos tradicionais da oração cristã aplicada à contemplação do rosto de Cristo. Paulo VI assim o descreveu: "Oração evangélica, centrada sobre o mistério da Encarnação redentora, o *Rosário* é, por isso mesmo, uma prece de orientação profundamente cristológica. Na verdade, o seu elemento mais característico — a repetição litânica do '*Alegra-te, Maria*' — torna-se também ele louvor incessante a Cristo, objetivo último do anúncio do Anjo e da saudação da mãe do Batista: 'Bendito o fruto do teu ventre' (Lc 1,42). Diremos mais ainda: a repetição da Ave-Maria constitui a urdidura sobre a qual se desenrola a contemplação dos mistérios; aquele Jesus que cada Ave-Maria relembra é o mesmo que a sucessão dos mistérios propõe, uma e outra vez, como Filho de Deus e da Virgem Santíssima".

Uma inserção oportuna

19. De tantos mistérios da vida de Cristo, o Rosário, tal como se consolidou na prática mais comum confirmada pela autoridade eclesial, aponta só alguns. Tal seleção foi ditada pela estruturação originária desta oração, que adotou o número 150 como o dos Salmos.

Considero, no entanto, que, para reforçar o espessor cristológico do Rosário, seja oportuna uma inserção que, embora deixada à livre valorização de cada pessoa e das comunidades, lhes permita abraçar também *os mistérios da vida pública de Cristo entre o Batismo e a Paixão.* Com efeito, é no âmbito destes mistérios que contemplamos aspectos importantes da pessoa de Cristo, como revelador definitivo de Deus. É Ele que, declarado Filho dileto do Pai no Batismo do Jordão, anuncia a vinda do Reino, testemunha-a com as obras e proclama as suas exigências. É nos anos da vida pública que *o mistério de Cristo se mostra de forma especial como mistério de luz*: "Enquanto estou no mundo, sou a Luz do mundo" (Jo 9,5).

Para que o Rosário possa considerar-se mais plenamente "compêndio do Evangelho", é conveniente que, depois de recordar a encarnação e a vida oculta de Cristo (*mistérios da alegria*), e antes de se deter nos sofrimentos da paixão (*mistérios da dor*) e no triunfo da ressurreição (*mistérios da glória*), a meditação se concentre também em alguns momentos particularmente significativos da vida pública (*mistérios da luz*). Esta inserção de novos mistérios, sem prejudicar nenhum aspecto essencial do esquema tradicional desta oração, visa fazê-la viver com renovado interesse na espiritualidade cristã, como verdadeira introdução na profundidade do Coração de Cristo, abismo de alegria e de luz, de dor e de glória.

Mistérios da alegria

20. O primeiro ciclo, o dos "mistérios gozosos", caracteriza-se de fato pela *alegria que irradia do acontecimento da Encarnação.* Isto é

evidente desde a Anunciação, quando a saudação de Gabriel à Virgem de Nazaré se liga ao convite da alegria messiânica: "Alegra-te, Maria". Para este anúncio se encaminha a história da salvação, e até, de certo modo, a história do mundo. De fato, se o desígnio do Pai é recapitular em Cristo todas as coisas (cf. Ef 1,10), então todo o universo de algum modo é alcançado pelo favor divino, com o qual o Pai Se inclina sobre Maria para torná-La Mãe do seu Filho. Por sua vez, toda a humanidade está como que incluída no *fiat* com que Ela corresponde prontamente à vontade de Deus.

Sob o signo da exultação, aparece depois a cena do encontro com Isabel, onde a própria voz de Maria e a presença de Cristo no seu ventre fazem "saltar de alegria" João (cf. Lc 1,44). Inundada de alegria é a cena de Belém, onde o nascimento do Deus-Menino, o Salvador do mundo, é cantado pelos anjos e anunciado aos pastores precisamente como "uma grande alegria" (Lc 2,10).

Os dois últimos mistérios, porém, mesmo conservando o sabor da alegria, *antecipam já os sinais do drama.* A apresentação no templo, de fato, enquanto exprime a alegria da consagração e extasia o velho Simeão, registra também a profecia do "sinal de contradição" que o Menino será para Israel e da espada que trespassará a alma da Mãe (cf. Lc 2,34-35). Gozoso e ao mesmo tempo dramático é também o episódio de Jesus, aos doze anos, no templo. Vemo-Lo aqui na sua divina sabedoria, enquanto escuta e interroga, e substancialmente no papel d'Aquele que "ensina". A revelação do seu mistério de Filho totalmente dedicado às coisas do Pai é anúncio daquela radicalidade evangélica que põe inclusive em crise os laços mais caros do homem, diante das exigências absolutas do Reino. Até José e Maria, aflitos e angustiados, "não entenderam" as suas palavras (Lc 2,50).

Por isso, meditar os mistérios gozosos significa entrar nas motivações últimas e no significado profundo da alegria cristã. Significa fixar o olhar sobre a realidade concreta do mistério da Encarnação e sobre o obscuro prenúncio do mistério do sofrimento salvífico. Maria leva-nos a aprender o segredo da alegria cristã, lembrando-nos de que o cristianismo é, antes de mais, *euangelion*, "boa nova", que tem o seu centro, antes, o seu próprio conteúdo na pessoa de Cristo, o Verbo feito carne, único Salvador do mundo.

Mistérios da luz

21. Passando da infância e da vida de Nazaré à vida pública de Jesus, a contemplação leva-nos aos mistérios que se podem chamar, por especial título, "mistérios da luz". Na verdade, *todo o mistério de Cristo é luz.* Ele é a "luz do mundo" (Jo 8,12). Mas esta dimensão emerge particularmente *nos anos da vida pública*, quando Ele anuncia o evangelho do Reino. Querendo indicar à comunidade cristã cinco momentos significativos — mistérios luminosos — desta fase da vida de Cristo, considero que se podem justamente individuar: 1º no seu Batismo no Jordão, 2º na sua auto-revelação nas bodas de Caná, 3º no seu anúncio do Reino de Deus com o convite à conversão, 4º na sua Transfiguração e, enfim, 5º na instituição da Eucaristia, expressão sacramental do mistério pascal.

Cada um destes mistérios é *revelação do Reino divino já personificado no próprio Jesus.* Primeiramente é mistério de luz o Batismo no Jordão. Aqui, enquanto Cristo desce à água do rio, como inocente que Se faz pecado por nós (cf. 2Cor 5, 21), o céu abre-se e a voz do Pai proclama-O Filho dileto (cf. Mt 3,17 par.), ao mesmo tempo em que o Espírito vem sobre Ele para investi-Lo na missão que O espera. Mistério de luz é o início dos sinais em Caná (cf. Jo 2,1-12), quando Cristo, transformando a água em vinho, abre à fé o coração dos discípulos graças à intervenção de Maria, a primeira entre os crentes. Mistério de luz é a pregação com a qual Jesus anuncia o advento do Reino de Deus e convida à conversão (cf. Mc 1,15), perdoando os pecados de quem a Ele se dirige com humilde confiança (cf. Mc 2,3-13; Lc 7,47-48), início do ministério de misericórdia que Ele prosseguirá exercendo até o fim do mundo, especialmente através do sacramento da Reconciliação confiado à sua Igreja (cf. Jo 20,22-23). Mistério de luz por excelência é a Transfiguração, que, segundo a tradição, se deu no monte Tabor. A glória da Divindade reluz no rosto de Cristo, enquanto o Pai O acredita aos Apóstolos extasiados para que O "escutem" (cf. Lc 9,35 par.) e se disponham a viver com Ele o momento doloroso da Paixão, a fim de chegarem com Ele à glória da Ressurreição e a uma vida transfigurada pelo Espírito Santo. Mistério de luz é, enfim, a instituição da Eucaristia, na qual Cristo Se faz alimento com o Seu Corpo e o Seu Sangue sob os sinais do pão e do vinho, testemunhando "até o extremo" o seu amor pela humanidade (Jo 13,1), por cuja salvação Se oferecerá em sacrifício.

Nestes mistérios, à exceção de Caná, *a presença de Maria fica em segundo plano.* Os Evangelhos mencionam apenas alguma presença ocasional d'Ela no tempo da pregação de Jesus (cf. Mc 3,31-35; Jo 2,12) e nada dizem de uma eventual presença no Cenáculo durante a instituição da Eucaristia. Mas a função que desempenha em Caná acompanha, de algum modo, todo o caminho de Cristo. A revelação, que no Batismo do Jordão é oferecida diretamente pelo Pai e confirmada pelo Batista, está na sua boca em Caná, e torna-se a grande advertência materna que Ela dirige à Igreja de todos os tempos: "Fazei o que Ele vos disser" (Jo 2,5). Advertência esta que introduz bem as palavras e os sinais de Cristo durante a vida pública, constituindo o fundo mariano de todos os "mistérios da luz".

Mistérios da dor

22. Os Evangelhos dão grande relevo aos mistérios da dor de Cristo. A piedade cristã desde sempre, especialmente na Quaresma, através do exercício da *Via-Sacra*, deteve-se em cada um dos momentos da Paixão, intuindo que aqui está *o ápice da revelação do amor* e a fonte da nossa salvação. O Rosário escolhe alguns momentos da Paixão, induzindo o orante a fixar neles o olhar do coração e a revivê-los. O itinerário meditativo abre-se com o Getsêmani, onde Cristo vive um momento de particular angústia perante a vontade do Pai,

contra a qual a debilidade da carne seria tentada a revoltar-se. Ali Cristo põe-Se no lugar de todas as tentações da humanidade, e diante de todos os seus pecados, para dizer ao Pai: "Não se faça a minha vontade, mas a Tua" (Lc 22,42 par.). Este seu "sim" muda o "não" dos pais no Éden. E o quanto Lhe deverá custar esta adesão à vontade do Pai emerge dos mistérios seguintes, nos quais, com a flagelação, a coroação de espinhos, a subida ao Calvário, a morte na cruz, Ele é lançado no maior desprezo: *Ecce homo*!

Neste desprezo, revela-se não somente o amor Deus, mas o próprio sentido do homem. *Ecce homo*: quem quiser conhecer o homem, deverá saber reconhecer o seu sentido, a sua raiz e o seu cumprimento em Cristo, Deus que Se rebaixa por amor "até à morte, e morte de cruz" (Fl 2,8). Os mistérios da dor levam o crente a reviver a morte de Jesus pondo-se aos pés da cruz junto de Maria, para com Ela penetrar no abismo do amor de Deus pelo homem e sentir toda a sua força regeneradora.

Mistérios da glória

23. "A contemplação do rosto de Cristo não pode deter-se na imagem do crucificado. Ele é o Ressuscitado!" O Rosário sempre expressou esta certeza da fé, convidando o crente a ultrapassar as trevas da Paixão, para fixar o olhar na glória de Cristo com a Ressurreição e a Ascensão. Contemplando o Ressuscitado, o cristão *descobre novamente as razões da própria fé* (cf. 1Cor 15,14) e revive não só a alegria daqueles a quem Cristo Se manifestou — os Apóstolos, Madalena, os discípulos de Emaús –, mas também *a alegria de Maria*, que deverá ter tido uma experiência não menos intensa da nova existência do Filho glorificado. A esta glória, na qual com a Ascensão Cristo Se senta à direita do Pai, Ela mesma será elevada com a Assunção, chegando, por especialíssimo privilégio, a antecipar o destino reservado a todos os justos com a ressurreição da carne. Enfim, coroada de glória — como aparece no último mistério glorioso — Ela

resplandece como Rainha dos Anjos e dos Santos, antecipação e ponto culminante da condição escatológica da Igreja.

No centro deste itinerário de glória do Filho e da Mãe, o Rosário põe, no terceiro mistério glorioso, o Pentecostes, que mostra o rosto da Igreja como família reunida com Maria, fortalecida pela poderosa efusão do Espírito, pronta para a missão evangelizadora. No âmbito da realidade da Igreja, a contemplação deste, como dos outros mistérios gloriosos, deve levar os crentes a tomar uma consciência cada vez mais viva da sua nova existência em Cristo, uma existência de que o Pentecostes constitui o grande "ícone". Desta forma, os mistérios gloriosos alimentam nos crentes *a esperança da meta escatológica*, para onde caminham como membros do Povo de Deus peregrino na história. Isto não pode deixar de impeli-los a um corajoso testemunho daquela "grande alegria" que dá sentido a toda a sua vida.

Dos "mistérios"ao "Mistério": o caminho de Maria

24. Estes ciclos meditativos propostos no Santo Rosário não são certamente exaustivos, mas apelam ao essencial, introduzindo o espírito no gosto de um conhecimento de Cristo que brota continuamente da fonte límpida do texto evangélico. Cada passagem da vida de Cristo, como é narrada pelos Evangelistas, reflete aquele Mistério que supera todo o conhecimento (cf. Ef 3,19). É o Mistério do Verbo feito carne, no Qual "habita corporalmente toda a plenitude da divindade" (Cl 2,9). Por isso, o *Catecismo da Igreja Católica* insiste tanto nos mistérios de Cristo, lembrando que "tudo na vida de Jesus é sinal do seu Mistério". O *duc in altum* da Igreja no terceiro milênio é medido pela capacidade dos cristãos de "conhecerem o mistério de Deus, isto é, Cristo, no Qual estão escondidos todos os tesouros da sabedoria e da ciência" (Cl 2,2-3). A cada batizado é dirigido este voto ardente da Carta aos Efésios: "Que Cristo habite pela fé nos vossos corações, de sorte que, arraigados e fundados na caridade, possais

[...] compreender o amor de Cristo, que excede toda a ciência, para que sejais cheios de toda a plenitude de Deus" (3,17-19).

O Rosário coloca-se a serviço deste ideal, oferecendo o "segredo" para se abrir mais facilmente a um conhecimento profundo e empenhado de Cristo. Digamos que é *o caminho de Maria.* É o caminho do exemplo da Virgem de Nazaré, mulher de fé, de silêncio e de escuta. É, ao mesmo tempo, o caminho de uma devoção mariana animada pela certeza da relação indivisível que liga Cristo à sua Mãe Santíssima: os *mistérios de Cristo* são também, de certo modo, os *mistérios da Mãe,* mesmo quando não está diretamente envolvida, pelo fato de Ela viver d'Ele e para Ele. Na Ave-Maria, apropriando-nos das palavras do Arcanjo Gabriel e de Santa Isabel, sentimo-nos levados a procurar sempre de novo em Maria, nos seus braços e no seu coração, o "fruto bendito do seu ventre" (cf. Lc 1,42).

Mistério de Cristo, "mistério" do homem

25. No testemunho de 1978 sobre o Rosário como minha oração predileta, exprimi um conceito sobre o qual desejo retornar. Dizia então que "a simples oração do Rosário marca o ritmo da vida humana".

À luz das reflexões desenvolvidas até agora sobre os mistérios de Cristo, não é difícil aprofundar esta *implicação antropológica* do Rosário; uma implicação mais radical do que possa parecer à primeira vista. Quem contempla a Cristo, percorrendo as etapas da sua vida, não pode deixar de aprender d'Ele *a verdade sobre o homem.* É a grande afirmação do Concílio Vaticano II, que, desde a Carta encíclica *Redemptor hominis*, tantas vezes fiz objeto do meu magistério: "Na realidade, o mistério do homem só no mistério do Verbo encarnado se esclarece verdadeiramente". O Rosário ajuda a abrir-se a esta luz. Seguindo o caminho de Cristo, no qual o caminho do homem é "recapitulado", manifestado e redimido, o crente põe-se diante da imagem do homem verdadeiro. Contemplando o seu nascimento, aprende a sacralidade da vida, olhando para a casa de Nazaré, aprende a verdade originária da família segundo o desígnio de Deus, escutando o Mestre nos mistérios da vida pública, recebe a luz para entrar no Reino de Deus, e seguindo-O no caminho para o Calvário, aprende o sentido da dor salvífica. Contemplando, enfim, a Cristo e sua Mãe na glória, vê a meta para a qual cada um de nós é chamado, se se deixa curar e transfigurar pelo Espírito Santo. Pode-se dizer, portanto, que cada mistério do Rosário, bem meditado, ilumina o mistério do homem.

Ao mesmo tempo, torna-se natural levar a este encontro com a humanidade santa do Redentor os numerosos problemas, agruras, fadigas e projetos que definem a nossa vida. "Descarrega sobre o Senhor os teus cuidados, e Ele te sustentará" (Sl 55,23). Meditar com o Rosário significa entregar os nossos cuidados aos corações misericordiosos de Cristo e da sua Mãe. À distância de vinte e cinco anos, ao reconsiderar as provações que não faltaram nem mesmo no exercício do ministério petrino, desejo insistir, como para convidar calorosamente a todos, a fim de que experimentem pessoalmente isto mesmo: verdadeiramente o Rosário "marca o ritmo da vida humana" para harmonizá-la com o ritmo da vida divina, na gozosa comunhão da Santíssima Trindade, destino e aspiração da nossa existência.

Capítulo III
"PARA MIM, O VIVER É CRISTO"

O Rosário, caminho de assimilação do mistério

26. A meditação dos mistérios de Cristo é proposta no Rosário com um método característico, apropriado por sua natureza para favorecer a [sua] assimilação. É o método *baseado na repetição*. Isto é visível sobretudo com a *Ave-Maria*, repetida dez vezes em cada mistério. Considerando superficialmente uma tal repetição, pode-se ser

tentado a ver o Rosário como uma prática árida e aborrecida. Chega-se, porém, a uma idéia muito diferente quando se considera o Terço [...] expressão daquele amor que não se cansa de voltar à pessoa amada com efusões que, apesar de semelhantes na sua manifestação, são sempre novas pelo sentimento que as permeia.

Em Cristo, Deus assumiu verdadeiramente um "coração de carne". Não tem apenas um coração divino, rico de misericórdia e perdão, mas também um coração humano, capaz de todas as vibrações de afeto. Se houvesse necessidade de um testemunho evangélico disto mesmo, não seria difícil encontrá-lo no diálogo comovente de Cristo com Pedro depois da ressurreição: "Simão, filho de João, tu me amas?" Por três vezes é feita a pergunta, e três vezes recebe como resposta: "Senhor, Tu sabes que Te amo" (cf. Jo 21,15-17). Além do significado específico do texto, tão importante para a missão de Pedro, não passa despercebida a ninguém a beleza desta *tríplice repetição*, na qual a solicitação insistente e a respectiva resposta são expressas com termos bem conhecidos da experiência universal do amor humano. Para compreender o Rosário, é preciso entrar na dinâmica psicológica típica do amor.

Uma coisa é clara! Se a repetição da Ave-Maria se dirige diretamente a Maria, com Ela e por Ela, é para Jesus que, em última análise, vai o ato de amor. A repetição alimenta-se do desejo de uma conformação cada vez mais plena: Cristo, verdadeiro "programa" da vida cristã. São Paulo enunciou este programa com palavras cheias de ardor: "Para mim, o viver é Cristo e o morrer é lucro" (Fl 1,21). E ainda: "Já não sou eu que vivo, é Cristo que vive em mim" (Gl 2,20). O Rosário ajuda-nos a crescer nesta conformação até a meta da santidade.

Um método válido...

27. Não deve maravilhar-nos o fato de a relação com Cristo se servir também do auxílio de um método. Deus comunica-Se ao ho-

mem respeitando o modo de ser da nossa natureza e os seus ritmos vitais. Por isso a espiritualidade cristã, embora conhecendo as formas mais sublimes do silêncio místico em que todas as imagens, palavras e gestos ficam superados pela intensidade de uma inefável união do homem com Deus, normalmente passa pelo envolvimento total da pessoa, na sua complexa realidade psicofísica e relacional.

Isto é evidente *na Liturgia.* Os sacramentos e os sacramentais estão estruturados com uma série de ritos em que se faz apelo às diversas dimensões da pessoa. E a mesma exigência transparece da oração não-litúrgica. A confirmá-lo está o fato de a oração mais característica de meditação cristológica no Oriente, que se centra nas palavras "Jesus Cristo, Filho de Deus, Senhor, tem piedade de mim, pecador", estar tradicionalmente ligada ao ritmo da respiração: ao mesmo tempo em que isso facilita a perseverança na invocação, assegura quase uma densidade física ao desejo de que Cristo se torne a respiração, a alma e o "tudo"da vida.

... que todavia pode ser melhorado

28. Recordei na Carta apostólica *Novo millennio ineunte* que há hoje, mesmo no Ocidente, uma *renovada exigência de meditação*, que se vê às vezes promovida em outras religiões com modalidades cativantes. Não faltam cristãos que, por reduzido conhecimento da tradição contemplativa cristã, se deixam aliciar por tais propostas. Apesar de possuírem elementos positivos e às vezes compatíveis com a experiência cristã, todavia escondem freqüentemente um fundo ideológico inaceitável. Em tais experiências, é muito comum aparecer uma metodologia que, tendo por objetivo uma alta concentração espiritual, recorre a técnicas repetitivas e simbólicas de carácter psicofísico. O Rosário coloca-se neste quadro universal da fenomenologia religiosa, mas apresenta características próprias, que correspondem às exigências típicas da especificidade cristã.

Na realidade, trata-se simplesmente de um *método para contemplar.* E, como método que é, há de ser utilizado em ordem ao seu fim, e não como fim em si mesmo. Mas, sendo fruto de uma experiência secular, o próprio método não deve ser subestimado. Abona em seu favor a experiência de inumeráveis Santos. Isto, porém, não impede que seja melhorado. Tal é o objetivo da inserção, no ciclo dos mistérios, da nova série dos *mysteria lucis*, juntamente com algumas sugestões relativas à recitação, que proponho nesta Carta. Através delas, embora respeitando a estrutura amplamente consolidada desta oração, queria ajudar os fiéis a compreendê-la nos seus aspectos simbólicos, em sintonia com as exigências da vida cotidiana. Sem isso, o Rosário corre o risco não só de não produzir os efeitos espirituais desejados, mas até mesmo de o Terço, com que habitualmente é recitado, acabar por ser visto quase como um amuleto ou objeto mágico, com uma adulteração radical do seu sentido e [da sua] função.

A enunciação do mistério

29. Enunciar o mistério, com a possibilidade até de fixar contextualmente um ícone que o represente, é como *abrir um cenário* sobre o qual se concentra a atenção. As palavras orientam a imaginação e o espírito para aquele episódio ou momento concreto da vida de Cristo. Na espiritualidade que se foi desenvolvendo na Igreja, tanto a veneração de ícones como inúmeras devoções ricas de elementos sensíveis, e mesmo o método proposto por Santo Inácio de Loyola nos *Exercícios Espirituais*, recorrem ao elemento visível e figurativo (a chamada *compositio loci*), considerando-o de grande ajuda para facilitar a concentração do espírito no mistério. Aliás, é uma metodologia que *corresponde à própria lógica da Encarnação*: em Jesus, Deus quis tomar feições humanas. É através da sua realidade corpórea que somos levados a tomar contato com o seu mistério divino.

É a esta exigência de concretização que dá resposta a enunciação dos vários mistérios do Rosário. Certamente, estes não substituem o

Evangelho, nem fazem referência a todas as suas páginas. Por isso, o Rosário não substitui a *lectio divina*; pelo contrário, supõe-na e promove-a. Mas, se os mistérios considerados no Rosário, completados agora com os *mysteria lucis*, se limitam aos traços fundamentais da vida de Cristo, o espírito pode facilmente a partir deles estender-se ao resto do Evangelho, sobretudo quando o Rosário é recitado em momentos particulares de prolongado silêncio.

A escuta da Palavra de Deus

30. A fim de dar fundamentação bíblica e maior profundidade à meditação, é útil que a enunciação do mistério seja acompanhada pela *proclamação de uma passagem bíblica alusiva*, que, segundo as circunstâncias, pode ser mais ou menos longa. De fato, as outras palavras não atingem nunca a eficácia própria da palavra inspirada. Esta há de ser escutada com a certeza de que é Palavra de Deus, pronunciada para o dia de hoje e "para mim".

Assim acolhida, ela entra na metodologia de repetição do Rosário, sem provocar o enfado que derivaria de uma simples evocação de informação já bem conhecida. Não, não se trata de trazer à memória uma informação, mas de *deixar Deus "falar"*. Em ocasiões solenes e comunitárias, esta palavra pode ser devidamente ilustrada com um breve comentário.

O silêncio

31. *A escuta e a meditação alimentam-se de silêncio.* Por isso, após a enunciação do mistério e a proclamação da Palavra, é conveniente parar, durante um côngruo período de tempo, a fixar o olhar sobre o mistério meditado, antes de começar a oração vocal. A redescoberta do valor do silêncio é um dos segredos para a prática da contemplação e da meditação. Entre as limitações de uma sociedade de forte

predominância tecnológica e midiática, conta-se o fato de se tornar cada vez mais difícil o silêncio. Tal como na Liturgia se recomendam momentos de silêncio, assim também na recitação do Rosário é oportuno fazer uma pausa depois da escuta da Palavra de Deus enquanto o espírito se fixa no conteúdo do relativo mistério.

O "Pai-nosso"

32. Após a escuta da Palavra e a concentração no mistério, é natural que *o espírito se eleve para o Pai.* Em cada um dos seus mistérios, Jesus leva-nos sempre até o Pai, para Quem Ele Se volta continuamente porque repousa no seu "seio" (cf. Jo 1,18). Quer introduzir-nos na intimidade do Pai, para dizermos com Ele: "*Abbá*, Pai" (Rm 8,5; Gl 4,6). É em relação ao Pai que Ele nos torna irmãos seus e entre nós, ao comunicar-nos o Espírito que é conjuntamente d'Ele e do Pai. O "Pai-nosso", colocado quase como alicerce da meditação cristológico-mariana que se desenrola através da repetição da Ave-Maria, torna a meditação do mistério, mesmo quando é feita a sós, uma experiência eclesial.

As dez "Ave-Marias"

33. Este elemento é o mais encorpado do Rosário e também o que faz dele uma oração mariana por excelência. Mas à luz da própria *Ave-Maria*, bem entendida, nota-se claramente que o caráter mariano não só não se opõe ao cristológico como até o sublinha e exalta. De fato, a primeira parte da *Ave-Maria*, tirada das palavras dirigidas a Maria pelo Anjo Gabriel e por Santa Isabel, é contemplação adoradora do mistério que se realiza na Virgem de Nazaré. Exprimem, por assim dizer, a admiração do céu e da terra, e deixam de certo modo transparecer o encanto do próprio Deus ao contemplar a sua obra-prima — a encarnação do Filho no ventre virginal de

Maria — na linha daquele olhar contente do Gênesis (cf. Gn 1,31), daquele primordial "*pathos* com que Deus, na aurora da criação, contemplou a obra das suas mãos". A repetição da Ave-Maria no Rosário sintoniza-nos com este encanto de Deus: é júbilo, admiração, reconhecimento do maior milagre da história. É o cumprimento da profecia de Maria: "Desde agora, todas as gerações Me hão de chamar ditosa" (Lc 1, 48).

O baricentro da Ave-Maria, uma espécie de charneira entre a primeira parte e a segunda, é o *nome de Jesus.* Às vezes, na recitação precipitada, perde-se tal baricentro e, com ele, também a ligação ao mistério de Jesus que se está a contemplar. Ora, é precisamente pela acentuação dada ao nome de Jesus e ao seu mistério que se caracteriza a recitação expressiva e frutuosa do Rosário. Já Paulo VI recordou na exortação apostólica *Marialis cultus* o costume, existente em algumas regiões, de dar realce ao nome de Cristo acrescentando-lhe uma cláusula evocativa do mistério que se está a meditar. É um louvável costume, sobretudo na recitação pública. Exprime de forma intensa a fé cristológica, aplicada aos diversos momentos da vida do Redentor. É *profissão de fé* e, ao mesmo tempo, um auxílio para permanecer em meditação, permitindo dar vida à função assimiladora, contida na repetição da Ave-Maria, relativamente ao mistério de Cristo. Repetir o nome de Jesus — o único nome do qual se pode esperar a salvação (cf. At 4, 12) — enlaçado com o da Mãe Santíssima, e de certo modo deixando que seja Ela própria a nos sugeri-lo, constitui um caminho de assimilação que quer fazer-nos penetrar cada vez mais profundamente na vida de Cristo.

Desta relação muito especial de Maria com Cristo, que faz d'Ela a Mãe de Deus, a *Theotòkos*, deriva a força da súplica com que nos dirigimos a Ela depois na segunda parte da oração, confiando à sua materna intercessão a nossa vida e a hora da nossa morte.

O "Glória"

34. A doxologia trinitária é a meta da contemplação cristã. De fato, Cristo é o caminho que nos conduz ao Pai no Espírito. Se percorremos em profundidade este caminho, achamo-nos continuamente na presença do mistério das três Pessoas divinas para As louvar, adorar, agradecer. É importante que o *Glória, apogeu da contemplação*, seja posto em grande evidência no Rosário. Na recitação pública, poder-se-ia cantar para dar a devida ênfase a esta perspectiva estrutural e qualificadora de toda a oração cristã.

Na medida em que a meditação do mistério tiver sido — de Ave-Maria em Ave-Maria — atenta, profunda, animada pelo amor de Cristo e por Maria, a glorificação trinitária de cada dezena, em vez de reduzir-se a uma rápida conclusão, adquirirá o seu justo tom contemplativo, quase elevando o espírito à altura do Paraíso e fazendo-nos reviver de certo modo a experiência do Tabor, antecipação da contemplação futura: "Que bom é estarmos aqui!" (Lc 9,33).

A jaculatória final

35. Na prática corrente do Rosário, depois da doxologia trinitária, diz-se uma jaculatória, que varia segundo os costumes. Sem diminuir em nada o valor de tais invocações, parece oportuno assinalar que a contemplação dos mistérios poderá manifestar melhor toda a sua fecundidade se se tiver o cuidado de terminar cada um dos mistérios com *uma oração para obter os frutos específicos da meditação desse mistério.* Deste modo, o Rosário poderá exprimir com maior eficácia a sua ligação com a vida cristã. Isto mesmo no-lo sugere uma bela oração litúrgica, que nos convida a pedir para, através da meditação dos mistérios do Rosário, chegarmos a "imitar o que contêm e alcançar o que prometem".

Uma tal oração conclusiva poderá gozar, como acontece já, de uma legítima variedade na sua inspiração. Assim, o Rosário adquirirá uma fisionomia mais adaptada às diferentes tradições espirituais e às várias comunidades cristãs. Nesta perspectiva, é desejável que haja uma divulgação, com o devido discernimento pastoral, das propostas mais significativas, talvez experimentadas em centros e santuários marianos particularmente sensíveis à prática do Rosário, para que o Povo de Deus possa valer-se de toda a verdadeira riqueza espiritual, tirando dela alimento para a sua contemplação.

O Terço

36. Um instrumento tradicional na recitação do Rosário é o Terço. No seu uso mais superficial, reduz-se freqüentemente a um simples meio para contar e registrar a sucessão das Ave-Marias. Mas presta-se também a exprimir simbolismos, que podem conferir maior profundidade à contemplação.

A tal respeito, a primeira coisa a notar é como *o Terço converge para o Crucificado*, que desta forma abre e fecha o próprio itinerário da oração. Em Cristo estão centradas a vida e a oração dos crentes. Tudo parte d'Ele, tudo tende para Ele, tudo por Ele, no Espírito Santo, chega ao Pai.

Como instrumento de contagem que assinala o avançar da oração, o terço evoca o caminho incessante da contemplação e da perfeição cristã. O Beato Bártolo Longo via-o também como uma "cadeia" que nos prende a Deus. Cadeia sim, mas uma doce cadeia; assim se apresenta sempre a relação com um Deus que é Pai. Cadeia "filial", que nos coloca em sintonia com Maria, a "serva do Senhor" (Lc 1,38), e em última instância com o próprio Cristo que, apesar de ser Deus, Se fez "servo" por nosso amor (Fl 2,7).

É bom estender o significado simbólico do Terço também à nossa relação recíproca, recordando através dele o vínculo de comunhão e fraternidade que a todos nos une em Cristo.

Começo e conclusão

37. Segundo a praxe comum, são vários os modos de introduzir o Rosário nos distintos contextos eclesiais. Em algumas regiões, costuma-se iniciar com a invocação do Salmo 69(70): "Ó Deus, vinde em nosso auxílio; Senhor, socorrei-nos e salvai-nos", para de certo modo alimentar, na pessoa orante, a humilde certeza da sua própria indigência; ao contrário, em outros lugares começa-se com a recitação do *Creio em Deus Pai*, querendo de certo modo colocar a profissão de fé como fundamento do caminho contemplativo que se inicia. Estes e outros modos, na medida em que dispõem melhor à contemplação, são métodos igualmente legítimos. A recitação termina com a oração pelas intenções do Papa, para estender o olhar de quem reza ao amplo horizonte das necessidades eclesiais. Foi precisamente para encorajar esta perspectiva eclesial do Rosário que a Igreja quis enriquecê-lo com indulgências sagradas para quem o recitar com as devidas disposições.

Assim vivido, o Rosário torna-se verdadeiramente um caminho espiritual, onde Maria faz de mãe, mestra e guia, e apóia o fiel com a sua poderosa intercessão. Como admirar-se de que o espírito, no final desta oração em que teve a experiência íntima da maternidade de Maria, sinta a necessidade de se expandir em louvores à Virgem Santa, quer com a oração esplêndida da *Salve-Rainha*, quer através das invocações da *Ladainha Lauretana*? É o remate de um caminho interior que levou o fiel ao contato vivo com o mistério de Cristo e da sua Mãe Santíssima.

A distribuição no tempo

38. O Rosário pode ser recitado integralmente todos os dias, não faltando quem louvavelmente o faça. Acaba assim por encher de oração as jornadas de tantos contemplativos, ou servir de companhia a doentes e idosos que dispõem de tempo em abundância. Mas é

óbvio — e isto vale com mais forte razão ao acrescentar-se o novo ciclo dos *mysteria lucis* — que muitos poderão recitar apenas uma parte, segundo uma determinada ordem semanal. Esta distribuição pela semana acaba por dar às sucessivas jornadas [...] uma certa "cor" espiritual, de modo análogo ao que faz a Liturgia com as várias fases do ano litúrgico.

Segundo a prática corrente, a segunda e a quinta-feira são dedicadas aos "mistérios da alegria", a terça e a sexta-feira aos "mistérios da dor", a quarta-feira, o sábado e o domingo aos "mistérios da glória". Onde se podem inserir os "mistérios da luz"? Atendendo a que os mistérios gloriosos são propostos em dois dias seguidos — sábado e domingo — e a que o sábado é tradicionalmente um dia de intenso caráter mariano, parece recomendável deslocar para ele a segunda meditação semanal dos mistérios gozosos, nos quais está mais acentuada a presença de Maria. E assim fica livre a quinta-feira precisamente para a meditação dos mistérios da luz.

Esta indicação, porém, não pretende limitar uma certa liberdade de opção na meditação pessoal e comunitária, segundo as exigências espirituais e pastorais e sobretudo as coincidências litúrgicas que possam sugerir oportunas adaptações. Verdadeiramente importante é que o Rosário seja cada vez mais visto e sentido como itinerário contemplativo. Através dele, de modo complementar ao que se realiza na Liturgia, a semana do cristão, tendo o domingo — dia da ressurreição — por charneira, torna-se uma caminhada através dos mistérios da vida de Cristo, para que Ele Se afirme, na vida dos seus discípulos, como Senhor do tempo e da história.

QUERIDO LEITOR

Se este livro foi importante para sua caminhada cristã, escreva-nos dando o seu testemunho. Peça também o nosso catálogo.

Escreva para:

Pe. ALBERTO

Caixa Postal 32

06850-970 — Itapecerica da Serra, SP

ou peça outros livros pelo telefone:
(11) 4667-4353
(de segunda-feira a sexta-feira, das 8 às 17h30).

ou pela internet: www.encontrocomcristo.org.br

Não deixe de ler outros livros do autor...

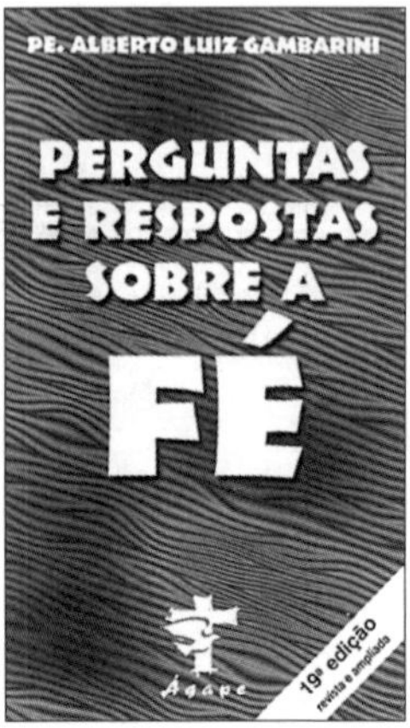

PERGUNTAS E RESPOSTAS SOBRE A FÉ

RESPOSTAS ÀS CRÍTICAS À DOUTRINA CATÓLICA: O Batismo das crianças – A Besta do Apocalipse – A questão das imagens – Sábado e Domingo – Domingo e Sábado – O Papa é o sucessor de Pedro? **RESPOSTAS ÀS FALSAS DOUTRINAS:** O Espiritismo – Algumas questões sobre o Espiritismo – Umbanda – Os Mórmons – Moon – Seicho-No-Iê – Testemunhas de Jeová – A Maçonaria – Os Adventistas do Sétimo Dia – Quem vai para o céu – Qual o castigo dos maus – Seita de cura. **PERGUNTAS SOBRE NOSSA SENHORA:** Culto a Maria: Certo ou Errado? – Imaculada Conceição de Maria – Assunção de Nossa Senhora – Jesus teve outros irmãos? – Aparições de Nossa Senhora: verdade ou mentira? – Rosário – Aprendendo a rezar o terço. **O FUNDAMENTO DA FÉ:** Todas as Bíblias são iguais? – A regra da nossa fé: só a bíblia ou Bíblia, tradição e magistério? **A REALIDADE DO MAL:** Diabo: Realidade ou fantasia? – Jesus e a derrota de Satanás – Questão do mal: contaminação maligna – Meios para não ser contaminado pelo maligno. **O CRISTÃO E A CURA:** Jesus cura? – Cura: Novo Testamento – A Igreja e a Cura – Missa e Cura – Perdão e Cura.

CURA DAS EMOÇÕES EM CRISTO

Reeducação da mente: Somos o que dizemos. Aprendendo a amar a si mesmo: Importância da auto-imagem. Enfrentando a rejeição. Perdão e cura das emoções. Saindo da depressão. Libertando-se do medo. Ansiedade ou preocupação. Como vencer a solidão. Desafios dos solteiros. Para se manter e crescer na cura das emoções.

CURA DAS ENFERMIDADES

Creio em milagres – Cura e Bíblia – Fé e Cura – As lições de cura de Jesus para hoje – Cura pela Eucaristia – Cura pela Confissão – Cura pelo perdão – Cura pelo Sacramento da Unção – Outros meios de cura – E se não acontecer a cura? – Orações de Cura.

A FONTE DA VIDA
O NOVO NASCIMENTO

A necessidade do novo nascimento – O amor de Deus – Por que fracassamos? A questão do pecado – Cruz: a solução de Deus para nossas vidas – Que é o novo nascimento – O que não é o novo nascimento – O cuidado com a emoção – Meios para crescer espiritualmente na vida nova – Aprender a discernir nas dificuldades.

COMO REZAR PELA CURA ENTRE AS GERAÇÕES

Bíblia e cura entre as gerações – O que não é a oração de cura entre as gerações – A cura dos vivos e dos mortos por meio da oração – A importância de orar pelos bebês nascidos mortos ou abortados – Como rezar pelos mortos jovens e adultos – Oração de cura entre as gerações e a libertação de lugares – Eucaristia: o lugar da cura total – Como fazer a árvore da família ou geneagrama – Como orar pela árvore da família e qual o número de vezes? – Orações de cura entre as gerações – O purgatório: purificação necessária para o encontro com Deus.

MORTE: LUCRO OU PERDA?

Que é morte? Existe o céu? Inferno: verdade ou fantasia? E o purgatório? Segunda vinda de Cristo: realidade ou sonho? O Anticristo: como identificá-lo? A ressurreição da carne. Livres do medo da morte.

VITÓRIA PELA ORAÇÃO

Tipos de oração. O jejum. Eucaristia: o lugar para uma vida abençoada. Complemento para todos os tipos de oração. Plano de Oração. Oração de Jesus. Rosário. Aprendendo a rezar o terço.

BATALHA ESPIRITUAL

Desmascarando o inimigo: Para a Bíblia, quem é o diabo? – Como identificar a presença do maligno: a mentira; Campos de batalha; Um testemunho da mentira de Satanás; Um testemunho de libertação; Sugestões para uma oração pessoal de libertação; Oração a São Miguel Arcanjo – Plano de batalha – Treinamento para a batalha – Entrando na batalha – Um grande perigo: a Nova Era – A Nova Era e a Igreja: A Nova Era nas Igrejas Evangélicas; Como identificar o evangelho da Nova Era – Uma seita da Nova Era: a Universal do Reino de Deus: A origem da Universal; Algumas práticas da Universal – Maria Santíssima na batalha espiritual – O mundo vai acabar? – Exorcismo: Contra Satanás e os Anjos Rebeldes – Livrai-nos do mal: O ensinamento bíblico; O inimigo oculto; A ação do demônio; A defesa do cristão.

O MANUAL DA FELICIDADE

O Sermão da Montanha é o caminho mais certo para a felicidade: é o programa de vida ideal para todos aqueles que desejam viver de modo sobrenatural.

O FOGO DE PENTECOSTES

Vida nova no Espírito. Espírito Santo, o princípio ativo. A chave para a vida no Espírito: Efusão do Espírito. A evidência da efusão do Espírito: Primeira parte. A evidência da efusão do Espírito: fruto do Espírito. Os dons extraordinários do Espírito: os carismas. Conselhos para crescer na vida do Espírito. Como receber a efusão do Espírito. Conselhos para crescer na vida do Espírito.

EM QUE CREMOS?
Doutrina Católica e Bíblia

A Bíblia: O Antigo Testamento; O Novo Testamento – Os mistérios da fé cristã: O mistério da Santíssima Trindade; Encarnação; Redenção – A Igreja: A origem da Igreja de Cristo; A Organização da Igreja; A hierarquia – Os Sacramentos: A definição e o número dos Sacramentos; Os Sacramentos de iniciação; Os Sacramentos medicinais ou de cura; Sacramentos do serviço da Igreja – Maria Modelo para a Igreja: O fundamento bíblico do culto mariano; As verdades de fé sobre Maria – As Virtudes cristãs ou regras de vida: As virtudes teologais ou sobrenaturais; Virtudes cardeais – Morte, céu, inferno e purgatório: Juízo particular e final; Segunda vinda de Cristo – Orações: principais orações católicas.

QUEM FUNDOU A SUA IGREJA

Quem fundou a sua igreja? – A garantia para a unidade da Igreja: sucessão apostólica – O sinal visível da unidade – As características da Igreja de Cristo – A reunião da Igreja de Cristo: o Domingo e a Eucaristia – Razões por que sou católico – Aprendendo a conversar com os irmãos separados – A Lista dos Papas – Datas importantes dos três primeiros séculos da Igreja cristã – Alguns questionamentos evangélicos quanto à data da fundação da Igreja católica.

AO VENCEDOR!
Mensagens às Sete Igrejas do Apocalipse

Esfriaste no primeiro amor: Conhecendo Éfeso. **Não temas o que deverás padecer:** Conhecendo Esmirna. **Abandona as falsas doutrinas:** Conhecendo Pérgamo. **Tempo de arrepender-se:** Conhecendo Tiatira. **Sê vigilante:** Conhecendo Sardes. **Guardaste a minha palavra:** Conhecendo Filadélfia. **Repreendo e corrijo todos aqueles a quem amo:** Conhecendo Laodicéia. **Mensagens às Igrejas do Apocalipse.**

MARIA, A MENSAGEIRA DO CÉU

E Deus pensou em Maria – Maria no Antigo Testamento – Maria e as profecias bíblicas – O nascimento de Maria e o significado de seu nome – Maria nos evangelhos – As verdades de fé sobre Maria – Um retrato de Maria – As aparições de Nossa Senhora – Algumas aparições Marianas – A devoção das três Ave-Marias – Os três pedidos a Nossa Senhora – Devoções Marianas – Orações Marianas – Sobre a morte da Mãe de Deus – Maria nos escritos dos primeiros cristãos – Maria e os protestantes (evangélicos) – Medjugorje: a primeira aparição; perseguição; papel de Maria.

DEVOCIONÁRIO
NOSSA SENHORA DOS PRAZERES

A história de Nossa Senhora dos Prazeres: A aparição em Lisboa – A história maravilhosa do Santuário de Nossa Senhora dos Prazeres em Itapecerica da Serra – A origem sobrenatural da igreja matriz e da cidade – Interpretando esse fato – O chamado de Deus para este Santuário. **A lição de vida desta devoção. Importância deste devocionário. A novena de Nossa Senhora dos Prazeres. Terço de Nossa Senhora. O Angelus / Anjo do Senhor.**

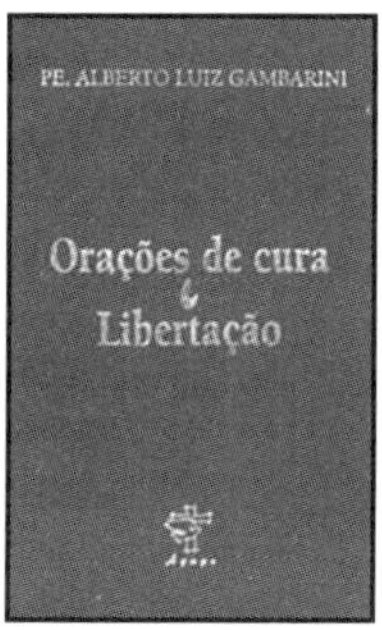

ORAÇÕES DE CURA E LIBERTAÇÃO

Orações de cura: Oração para a cura física – Oração de cura do corpo – Oração pelo doente – Para pedir a bênção da saúde – Oração antes de uma operação – Oração do enfermo – Oração para pedir auxílio diante da doença – Oração depois de um acidente – Bênção do(s) enfermo(s) – Bênção aos medicamentos – Oração pelos doentes a São Rafael, anjo dos enfermos – Súplica na doença – Oração para a cura do corpo – Oração do Médico – Curaste tantos! – Oração durante a gravidez – Oração da manhã de um enfermo – Oração da noite de um enfermo – Oração para implorar a saúde – Dai-me a saúde – Oração do doente para começar o dia – Oração de cura de Santo Anbrósio para antes da missa – Oração de cura de Santo Tomás de Aquino para antes da missa – Oração de Santo Tomás de Aquino para depois da missa. **Orações de libertação e exorcismo:** Oração de libertação – Oração de renúncia às falsas doutrinas – Oração para libertar casas e outros lugares – Oração contra todo o mal – Oração para a libertação da família – Oração contra todos os malefícios – Bênção com água benta para casas, na visita a um doente e outros locais – Para pedir proteção contra o demônio e os espíritos maus – Pequeno exorcismo de São Miguel Arcanjo – Pedido de libertação ao Senhor Jesus – Oração de libertação com Maria – Oração para não se deixar vencer pelo maligno – Exorcismo de Leão XIII contra Satanás e os anjos rebeldes. **Oração de cura interior: Cura de lembranças:** Oração da cura interior. **Oração da cura pelo perdão:** Oração de cura pelo perdão. **Terços de libertação e proteção contra as forças do mal:** Terço de Nossa Senhora – O Terço como arma contra os poderes infernais – O que é? Rosário da Oração de Jesus – Rosário de São Miguel Arcanjo – Terço da misericórdia. **Ladainhas de libertação:** Ladainha do preciosíssimo sangue de Jesus – Ladainha do Santíssimo Nome de Jesus – Ladainha do Sagrado Coração – Ladainha de Nossa Senhora – Ladainha em honra a São Miguel Arcanjo – Ladainha de São Rafael. **Para pedir proteção dos Anjos:** São Miguel – São Gabriel – São Rafael – Anjo da Guarda – Oração aos santos Anjos...

CATÓLICO PODE OU NÃO PODE? POR QUÊ?

1ª PARTE

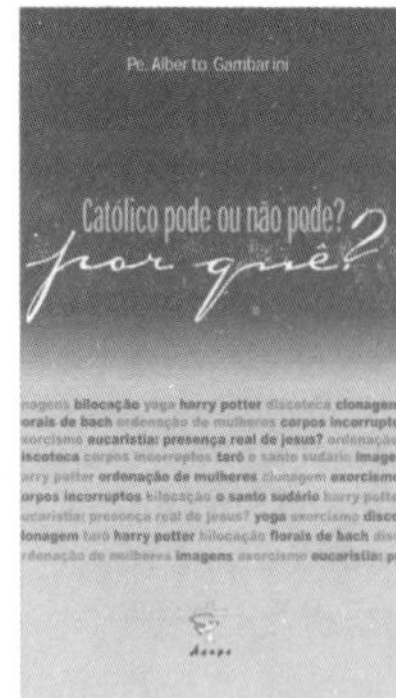

O livro **Católico pode ou não pode? Por quê?** surgiu como uma resposta a centenas de cartas enviadas por católicos sedentos de conhecer melhor a posição da Igreja diante de alguns temas polêmicos. O católico sincero deseja viver de modo coerente sua fé. Estas páginas são dirigidas a essas pessoas. Não existe o propósito de atacar a crença de nenhuma pessoa, somente examinar tudo à luz da Sagrada Escritura e da doutrina católica.

Conteúdo deste livro: Tatuagens e *Piercing*; *Rock* e Satanismo; *Halloween*; Astrologia – Horóscopos; Nostradamus; Superstição; Papai Noel; Aborto; Cremação; Doação de Órgãos; Divórcio; Indulgências; Maçonaria; Nova Era; *Reiki*; Reencarnação; Numerologia; Anjos.

CATÓLICO PODE OU NÃO PODE? POR QUÊ?

2ª PARTE

Quatro razões para ler este livro: 1) Esclarecer dúvidas sobre temas atuais. 2) Aprofundar o conhecimento da religião católica. 3) Fortalecer sua fé com esclarecimento da Bíblia e da doutrina católica como base da sabedoria cristã. 4) Evitar a confusão religiosa dos nossos dias, descobrindo a riqueza da mensagem de Jesus Cristo pregada pela Igreja.

Conteúdo deste livro: Imagens; Bilocação; Yoga; Eucaristia: Presença real de Jesus?; Ordenação de mulheres; Corpos incorruptos; Exorcismo; Florais de Bach; Harry Potter; Discoteca; Clonagem; Tarô; O Santo Sudário.

O MILAGRE DA EUCARISTIA PARA VOCÊ

As páginas deste livro são a realização de um sonho de muitos anos: escrever um livro sobre a Eucaristia. Em nossos dias, quantos se interessam por aparições, verdadeiras ou não, e talvez não tenham ainda tomado consciência de que a Eucaristia é a aparição diária de Jesus conosco e, por isso, a mais importante de todas as aparições. O livro foi escrito como o resultado do meu trabalho como padre que deseja levar o seu povo a viver a fé de um modo mais apaixonado. Também fiz questão de recolher os principais milagres eucarísticos reconhecidos pela Igreja. Muitos não sabem o que significa um milagre eucarístico. O conhecimento desses inúmeros milagres da Eucaristia faz com que pensemos mais profundamente na realidade da presença de Jesus na Eucaristia.

ELE MARCOU
UM ENCONTRO COM VOCÊ

Assista ao programa ENCONTRO COM CRISTO apresentado por Pe. Alberto Gambarini:

REDE VIDA
De segunda-feira a sexta-feira, às 6h30 e 17h30 horas
Domingo às 17 horas

TV GAZETA de São Paulo CANAL 11
(e também por parabólica para todo o Brasil)
Domingo às 8 horas

Um programa da sua

IGREJA CATÓLICA APOSTÓLICA ROMANA

1Cor 9,16
"AI DE MIM SE EU NÃO ANUNCIAR O EVANGELHO."

Edições Loyola

editoração impressão acabamento

rua 1822 nº 341
04216-000 são paulo sp
T 55 11 3385 8500
F 55 11 2063 4275
www.loyola.com.br